Georg Ebers

Der geschnitzte Holzsarg des Hatbastru

Im ägyptologischen Apparat der Universität zu Leipzig, No. III

Georg Ebers

Der geschnitzte Holzsarg des Hatbastru
Im ägyptologischen Apparat der Universität zu Leipzig, No. III

ISBN/EAN: 9783743613744

Hergestellt in Europa, USA, Kanada, Australien, Japan

Cover: Foto ©ninafisch / pixelio.de

Manufactured and distributed by brebook publishing software
(www.brebook.com)

Georg Ebers

Der geschnitzte Holzsarg des Hatbastru

DER GESCHNITZTE
HOLZSARG DES ḤAṬBASTRU

IM

AEGYPTOLOGISCHEN APPARAT

DER UNIVERSITÄT ZU LEIPZIG

VON

GEORG EBERS,
MITGLIED DER KÖNIGL. SÄCHS. GESELLSCHAFT DER WISSENSCHAFTEN.

Des IX. Bandes der Abhandlungen der philologisch-historischen Classe der Königl. Sächsischen Gesellschaft der Wissenschaften

Nº III.

MIT ZWEI LITHOGRAPHIRTEN UND DREI LICHTDRUCK-TAFELN.

LEIPZIG

BEI S. HIRZEL.

1884.

DER GESCHNITZTE

HOLZSARG DES ḤAṬBASTRU

IM AEGYPTOLOGISCHEN APPARAT

DER UNIVERSITÄT ZU LEIPZIG

VON

GEORG EBERS

MITGLIED DER KÖNIGL. SÄCHS. GESELLSCHAFT DER WISSENSCHAFTEN.

Unter den vielen aus dem aegyptischen Alterthum bis auf uns gekommenen Sarkophagen nimmt der im aegyptologischen Apparat der Universität zu Leipzig conservirte durch den Reichthum der Inschriften, welche ihn bedecken, die besondere Sorgfalt, mit der die einzelnen schriftbildenden Zeichen hergestellt sind, die höchst seltene Art und Weise der Ausssculptirung seiner Oberfläche und das Material, aus dem er besteht, eine hervorragende Stellung ein. Wir besitzen in diesem Sarkophag ein in seiner Weise einzig dastehendes Denkmal, und seine Publication, welche unter allen Umständen wünschenswerth erscheint, darf schon darum nicht unterbleiben, weil ja die Fachgenossen in Leipzig, das kein aegyptisches Museum besitzt, solchen Schatz zu finden keineswegs erwarten können. Unser aegyptologischer Apparat ist nur eine Sammlung von Abgüssen und Cartonnagen, an die sich eine kleine Bibliothek von Publikationswerken und Wörterbüchern anschliesst, und er braucht für die Lehrzwecke, denen er gewidmet ist, nichts anderes zu sein; an Originalen, auf welche wir in den Vorlesungen verweisen können, besitzen wir nur vier, aber unter diesen sind zwei so beschaffen, dass sie sich mit den kostbarsten Schätzen der allergrössten Museen messen können. Der grosse medicinische Papyrus Ebers ist den Fachgenossen längst in meiner Publikation zur Hand, mit dem Leipziger Sarkophag denken wir sie an dieser Stelle bekannt zu machen.[1])

---

1) Unsere beiden anderen Originale sind eine kleine Stele von der Gattung der »Horus auf den Krokodilen« genannten Denkmäler, mit der ich die Collegen bereits in unserer Fachzeitschrift 1880, S. 54 bekannt gemacht habe, und eine Anzahl von Mumienbinden mit den theils vollständig, theils unvollständig wiedergegebenen Kapiteln 1, 2, 3, 4, 5, 6, 17, 71, 74, 75, 76, 77, 78, 104, 105, 106, 149 des Todtenbuches in zierlicher Schrift.

Fundort und Erwerbung.

Leider hat sich über den Fundort unseres Sarkophages nichts ermitteln lassen. Aus den Akten, welche mir durch den kgl. sächs. Cultusminister Dr. von Gerber in ausserordentlich zuvorkommender und liebenswürdiger Weise zur Verfügung gestellt worden sind, geht nur hervor, dass unser Denkmal den Weg über Triest genommen hat. Professor Dr. M. G. Seyffarth, mein Vorgänger auf dem Lehrstuhle für aegyptische Sprache und Alterthumskunde an unserer Hochschule, hatte im Jahre 1841 durch den Ordinarius der juristischen Facultät Prof. Dr. Günther Kenntniss von der Existenz unseres Denkmales erhalten und bei dem kgl. Cultusministerium zu Dresden ein Gesuch eingereicht, dasselbe für die Leipziger Universität erwerben zu dürfen. Da die vorgesetzte Behörde seinem Wunsche bereitwillig entgegenkam, beauftragte er den Licentiaten M. Goldhorn, Custos bei der Universitätsbibliothek, welcher im April des folgenden Jahres über Triest nach Italien reiste, den Sarkophag in Augenschein zu nehmen und ihm eine Reihe von Fragen, welche sich auf denselben bezogen, zu beantworten. Aus dem mir vorliegenden Briefe des genannten Gelehrten geht nun hervor, dass sich derselbe seinem Auftrage mit Eifer unterzog und den Werth des Sarkophages richtig erkannte. Leider findet sich in seinem Schreiben keine Notiz über denjenigen, welcher unser Denkmal nach Europa gebracht hat oder gar über die Fundstätte desselben. Er erzählt nur, dass er zu Triest durch den Kaufmann Herrn Martins in einen Speicher geführt worden sei, wo der Sarkophag aufbewahrt wurde. Dieser war auseinander genommen, und den Deckel, welcher unter Waarenballen versteckt lag, bekam Herr Goldhorn gar nicht zu sehen. Indessen erfuhr er, dass das Denkmal von dem früheren preussischen Consul in Alexandrien (1840, v. Wagener) zum Geschenk für seinen König bestimmt gewesen sei. Vielleicht ist dieses Vorhaben in Folge des Regierungswechsels in Preussen 1840 unausgeführt geblieben.

Ermuthigt durch den günstigen Bericht Goldhorns erneute Prof. Seyffarth sein Gesuch um Ankauf des Sarkophags, und derselbe wurde denn auch von dem kgl. sächs. Cultusministerium für den beispiellos billigen Preis von »nicht ganz 1000 Francs« erworben.

Nach dem Eintreffen des Denkmals in Leipzig schreibt Seyffarth an das königl. Cultusministerium zu Dresden:

»Das Ganze besteht aus 24 Pfosten, 10 längeren von 3 Ellen 16 Zoll Länge, 7—13 Zoll Breite, 3—4 Zoll Dicke, und 14 kürzeren Stücken von gleicher Breite und Dicke. Sie alle waren ursprünglich durch Zapfen und vegetabilischen Leim auf das Sorgfältigste mit einander verbunden und bildeten 2 getrennte Theile, die vordere und hintere Hälfte des Sarkophages, welche nach Beisetzung desselben in den Katakomben durch besondere Stifte an den Seiten zusammengehalten wurden. Die Länge der Zeit hat jedoch die verbindenden Zapfen und den Leim zerstört, und es ist daher unumgänglich nothwendig, um den Sarkophag für den öffentlichen Gebrauch aufstellen zu können, die jetzt getrennten Stücke in ihre ursprüngliche Verbindung zurückzubringen.«

Dies ist denn auch geschehen, und ich habe den Sarkophag richtig und genau zusammengesetzt als ein schönes, unbeschädigtes Ganzes in Leipzig vorgefunden. Nur die mit schwarzer Farbe aufgemalten Texte im Innern des Sarkophagkastens scheinen bei dieser Operation gelitten zu haben, denn sie waren schon bei meiner ersten Untersuchung unseres Denkmals fast ganz verschwunden.

Beschreibung des Sarkophags.

Unser Sarkophag trägt die Gestalt der menschlichen Mumie und besteht aus zwei Theilen: dem Sargkasten und dem Deckel. Er ist nicht wie die meisten anderen Holzsärge aus Sykomoren-, sondern aus Cedernholz verfertigt. Dies geht mit Sicherheit aus der mikroskopischen Untersuchung hervor, welche Prof. Dr. Kunze für Seyffarth vorgenommen hat; der eigenthümliche Geruch, welchen das Holz trotz seines hohen Alters bewahrt hat und die Farbe desselben gestatten aber auch dem Laien zu bestimmen, von welchem Baume die Bretter genommen sind, aus denen er besteht. Seine Grösse ist bedeutend und übertrifft die der meisten anderen Holzsarkophage. Die in ihm aufbewahrte Mumie muss stark umwickelt und mit der gewöhnlichen Cartonnagenhülle umgeben in dem weiten Raum des Holzsarges beigesetzt worden sein. Dieser hat eine Höhe von 2,12 m. und ist an der breitesten Stelle 0,75 m. breit. Dort erreicht sein Umfang volle 2,25 m. Am Kopfende des Deckels sieht man das Antlitz des Verstorbenen in typischer Darstellungsweise. Der Bart ist unvollendet geblieben und als leicht zugespitztes, flüchtig geglättetes Holzstück in das Kinn gefügt worden. Eine gestreifte Kalantika umhüllt das breite Haupt. Sie ist hinter den abstehenden Ohren zurück gestrichen und fällt in steifen Falten in zwei Flügeln auf die Brust herab. Seyffarth hat »auf dem Scheitel« die Figur einer Nephthys gesehen. Wir können dieselbe nicht mehr wiederfinden, bemerken aber auf der Kalantika etwas über der Mitte der Stirn eine Figur, welche man allerdings für das bekannte  halten kann. Das Halsband, welches tief hinunter hängt, besteht aus drei Reihen von höchst sorgfältig aussculptirten vegetabilischen Ornamentalfiguren und einer Franze von dicht aneinandergefügten Tropfen. Am rechten und linken Ende dieses Colliers sieht man je einen Sperberkopf mit der Sonnenscheibe auf dem Scheitel. Beide stehen an Stelle der Verschlussstücke, welche sich an wirklichen Halsbändern finden. Unter dem Collier sucht man vergebens nach den auf anderen ähnlichen Mumiensarkophagen in erhabener Arbeit hervortretenden Händen; es stehen hier vielmehr drei Figuren, von denen die mittelste ein wahres Meisterstück der Holzschnitzkunst genannt werden darf. Sie stellt die mütterliche Göttin Nut dar, in knieender Stellung und mit ausgespannten Flügeln. Über den Schwingen hat sie die Arme weit ausgestreckt, und in jeder Hand trägt sie das Attribut der Wahrheit, die Straussenfeder. Das nach rechts schauende anmuthige Gesicht ist mit besonderer Liebe behandelt, und die Zeichnung des rechten Beines, auf dem sie ruht, ist eben so frei als fein. (Taf. I.) Die thronenden Göttergestalten bei den Flügelspitzen der Nut tragen Scepter  und  in den Händen. Sie sind von vorn herein weniger sorgfältig ausgeführt, jetzt aber leider ziemlich stark beschädigt. Die Inschriften über ihnen sind unlesbar. An Stelle dieser entschieden männlichen Figuren findet man auf anderen Sarkophagen aus ungefähr derselben Zeit Isis und Nephthys.

Die untere Hälfte des Deckels wird von zwei Mal sechs horizontalen Inschriftsstreifen eingenommen. Sechs derselben stehen zur Rechten, sechs zur Linken einer verticalen Hieroglyphenzeile, welche in der Richtung vom Kopf zum Fuss die Deckelaufschriften in zwei Theile zerlegt. Allen Horizontalstreifen mit Ausnahme der untersten rechts und links gehen Göttergestalten voran: den vier (zwei und zwei) obersten je zwei, den sechs (drei und drei) folgenden je eine. Auf dem Fussstucke (den mit Mumienbinden zusammen gewickelten Füssen), sieht man die geflügelte Göttin der Wahrheit Maā, welche in den Händen und auf dem Scheitel je eine Straussenfeder führt. An den Schulterstücken des Deckels sind je vier verticale Hieroglyphenzeilen angebracht, und so findet sich denn auf demselben kein Zoll, welcher nicht mit Hieroglyphen oder anderen Sculpturen bedeckt wäre.

Das gleiche gilt von dem Sargkasten, auf dessen Aussenseite sich eine verticale Hieroglyphenzeile an die andere drängt. Seine untere Seite, oder besser sein Rücken, denn der Sarkophag war darauf eingerichtet in der Grabkammer wie eine Statue aufgestellt zu werden, ist durchaus flach, während der Deckel namentlich in der Brustgegend sich hoch und rund auswölbt. Die Kalantika an der Kopfstelle der hinteren Seite des Kastens ist gefältelt, aber spannt sich wie aufgeleimt über das flache Brett. Auch der untere Theil unseres Denkmals ist über und über mit Inschriften bedeckt. Nach Seyffarths Berechnung nehmen die Texte, welche auf dem ganzen Sarkophag vorkommen (Deckel und Kasten) volle 30 Quadratfuss ein.

Ganz besonderen Werth gewinnt unser Denkmal durch die Art und Weise, in der die Bilder und Hieroglyphen hergestellt sind, welche es schmücken. Die sind sämmtlich in erhabener Arbeit aus dem Holze geschnitten, und zwar mit solcher Sorgfalt, dass man an den menschlichen Figuren die einzelnen Locken im Haar und die Fingernägel, an den Vögeln die Federn, an den Schlangen die Schuppen, an den Kinnladen  die Zähne erkennen kann. Bei dem Zeichen  lassen sich die einzelnen Finger an der Hand unterscheiden.  ist ein Väschen, welches an einem Stricke hängt, und an diesem ist es vergönnt die Seilerarbeit zu erkennen.  ist merkwürdig gebildet, z. B. in , denn der Mann in dieser Hieroglyphe hält hier kein Beil in der Hand, sondern zieht sich mit beiden Händen an dem eigenen Haarschopf hinunter. Aus dem gesammten aegyptischen Alterthum ist kein Holzsarkophag mit so sorgfältig in Basrelief gearbeiteten Figuren erhalten geblieben, und wenn man die im Museum zu Bulaq conservirten Bretter aus Saqqara, einige Brettspielkästen und andere kleine Stücke ausnimmt, gibt es keine Holzskulptur aus dem alten Aegypten, welche sich mit der unseren an Schönheit messen kann.

Man weiss, dass zwischen dem Tode eines begüterten Aegypters und seinem Begräbniss siebenzig Tage vergehen durften. In diesem Zeitraum musste die Balsamirung und alles was zur Ausstattung der Leiche gehörte, fertig gestellt werden. Man scheint streng an diesem Termin festgehalten zu haben, denn manche mit Sorgfalt hergestellte Sarkophage (so der von H. v. Bergmann trefflich behandelte des Paneḥem Isis zu Wien) sind vor ihrer völligen Vollendung beigesetzt worden. Dies gilt auch von unserem Grabdenkmal, auf dem sich ganze unfertige Gruppen nachweisen lassen, und zwar an Stellen wo man sie, weil sie gerade dort besonders ins Auge fallen mussten, am wenigsten erwarten sollte. Dies gilt z. B. von dem unteren Theile der grossen Vertikalzeile, welche den plastischen Schmuck des Deckels in zwei Theile zerlegt, sowie von den Göttergestalten. Das Holz, in welches die Namen der darzustellenden Gottheiten geschnitten werden sollten, war ausgespart worden, aber man kam in mehreren Fällen nicht dazu sie einzuschneiden, obgleich dies bei den ihnen gegenüberstehenden Figuren geschehen war. — Die Hast, mit welcher das Werk vollendet werden musste, hat wol auch den Hierogrammaten, welcher die zu benutzenden Texte aufgesetzt hatte, verhindert sie nach ihrer Übertragung auf das Holz noch ein Mal durchzusehen und zu corrigiren. Nur so erklären sich die zahlreichen Schreibfehler, welche diese so ungewöhnlich fein und sorglich geschnitzten Texte entstellen. Manche derselben sind derartig, dass man, wenn sie auf einem Monumente von weniger unantastbar sicherer Echtheit stehen würden, sich versucht fühlen könnte, dies für gefälscht zu halten. Zieht man die Art und Zahl der groben Schreibfehler in Erwägung, so kann man nicht zweifeln, dass der Künstler, welcher unsere Texte in das Holz schnitt, entweder der Hieroglyphenschrift unkundig war oder ohne auf den Sinn dessen was er schrieb zu achten, seine Vorlage auf den Sarkophag übertragen hat. Diese scheint nicht in hieratischer, sondern in flüchtiger hieroglyphischer Schrift verfasst gewesen zu sein. Das lässt sich an der häufigen Verwechselung der Zeichen und erkennen, welche in der hieratischen Schrift ganz verschieden, in der hieroglyphischen aber recht leicht mit einander zu verwechseln sind. Eigentliche Beschädigungen hat unser Sarkophag nur an der rechten Seite des Fussstückes und den sich an den Rücken schliessenden Seitenbrettern erfahren. Übrigens lassen sich die verhältnissmässig wenigen abgeriebenen Zeichen in den meisten Fällen ergänzen.

Die Persönlichkeit und Heimat des in unserem Sarkophag bestatteten Aegypters.

Bevor wir auf die Inschriften des Sarkophages eingehen, aus denen schon in diesem Abschnitt manche Gruppe anzuführen sein wird, muss bemerkt werden, dass wir »rechts« und »links«, hier wie auf den Tafeln, nicht in unserem, sondern im aegyptischen Sinne gebrauchen, d. h. wir denken uns in die Osirisgestalt, von der wir zu reden haben, hinein. Rechts ist für uns nicht die unserer Rechten gegenüberstehende Hälfte der Mumie, sondern diejenige Seite derselben, an der sich ihr rechter Arm und ihr rechtes Auge befinden.

Der Name des Menschenkindes, für welches unser Sarkophag hergestellt worden ist, erscheint auf demselben häufig, und zwar 31 Mal; aber obgleich seine Lesung sicher steht, bleibt es zunächst fraglich ob er einem männlichen oder weiblichen Wesen angehört hat. Dergleichen kommt sonst glücklichweise nur selten vor; hier ist es die Sorglosigkeit und Unwissenheit des Schreibers oder Bildhauers, oder vielleicht auch beider, welche den Leser in eine so missliche Lage versetzen.

Unser »Osiris« war bei Lebzeiten  gerufen worden und dies muss wie die Variante 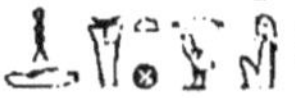 lehrt, Ḥaṭbastru[2]) gelesen werden. Seine Eltern werden mehrmals, am vollständigsten auf dem Seitenstück l. Z. 1 genannt. Es heisst dort: 

. Der königl. Anverwandte Ḥaṭbastru, Sohn des werth ge-

2) Wenn ϲⲣⲱⲟⲩ ist, Ḥaṭbasteru zu lesen.

schätzten bei dem grossen Gotte Peðef (schen?)[3]) Kind der Herrin des Hauses, der werth geschätzten bei den Göttern Tašāχepr.

Gewöhnlich wird bei Anführung der Eltern die Mutter zuerst genannt; aber Tašāχepr muss eine Frau sein. Darauf deutet vielleicht das mit dem ihr Name beginnt, dafür tritt der diesen begleitende Titel Herrin des Hauses ein, das wird entschieden durch das femin. *ámeχt*, welches sich auf sie bezieht und den im Demotischen vorkommenden Namen Šaχepri[4]) im griechischen Antigraphon Σαχπηρις, welcher ausschliesslich Frauen zukommt und unserem *šaχepr* vollkommen entspricht. Da nun Ḥaṭbastru stets d. i. Sohn seiner Eltern genannt wird, sollte man denken, dass die Frage nach seinem oder ihrem Geschlecht entschieden sei. Dies ist aber nicht der Fall, denn erstens wird der Name Ḥaṭbastru mehrmals mit dem weiblichen Klassenzeichen determinirt und zweitens wird der einzige Titel des Verstorbenen ein Mal und zwei Mal geschrieben; diese beide Formen weisen aber auf eine Frau. Bedenkt man ferner, dass unser Osiris, für den ein so kostbarer Sarkophag hergestellt worden ist, doch eine recht vornehme Persönlichkeit gewesen sein muss, so hat es allerdings etwas auffallendes, dass wenn wir es mit einem Manne zu thun haben, bei der einunddreissigmaligen Wiederholung des Namens Ḥaṭbastru auch nicht ein einziger anderer Titel als der eines königlichen Anverwandten vorkommt. Würde der Osiris ein Weib gewesen sein, so verstünde sich dieser Umstand von selbst. Dennoch halten wir Ḥaṭbastru für einen Mann, denn der Verstorbene wird

3) Das scheint als Determinativzeichen zu der Gruppe oder zu gehören. Das ist vielleicht der männliche Artikel, welcher dem (jedenfalls Artikel) in dem Namen der Mutter Tašāχepr entspricht. Zeitschrift 1881, S. 68.

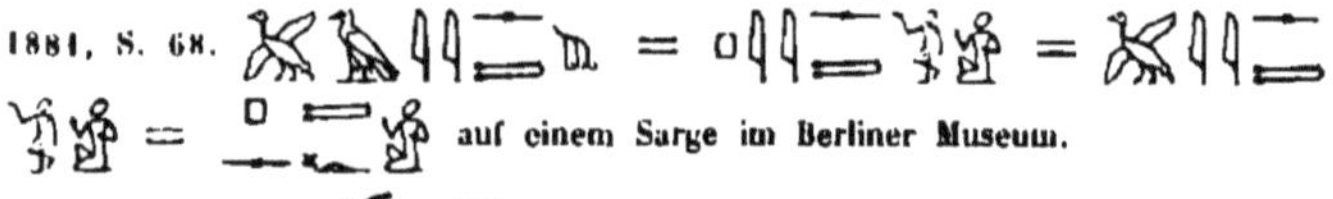

auf einem Sarge im Berliner Museum.

4)  Brugsch, Samml. demot.-griech. Eigennamen.

ohne Ausnahme  *se* d. i. Sohn und kein einziges Mal  *set*, d. i. Tochter genannt. Gewöhnlich wird der Name gar nicht determinirt, aber wo dies geschieht tritt eben so häufig das Klassenzeichen  wie das weibliche  ein. Um der Confusion die Krone aufzusetzen, steht hinter dem Namen unseres Ḥatbastru, der doch keine androgyne Persönlichkeit gewesen sein kann, die Frau mit der Blume, welche sonst immer nur Feminina determinirt, aber diese Frau ist mit dem Barte versehen, welcher nur Männern zukommt. Sucht man bei den Eltern Rath, so findet man, dass der Name des Vaters hier mit dem gewöhnlichen Klassenzeichen für männliche Persönlichkeiten , dort mit dem wunderlichen , welches uns hinter Ḥatbastru begegnet ist, determinirt wird, während man bei der Mutter ein  also wiederum eine bärtige Figur, welche hier aber statt der Blume das Zeichen  auf dem Knie trägt, findet. Aus den Determinativzeichen, durch welche sonst in ähnlichen Fällen jeder Zweifel beseitigt wird, lässt sich hier also garnichts entnehmen. Auch das 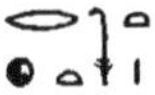 und 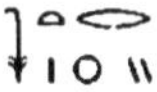 darf nicht mit Bestimmtheit für einen Frauentitel angesehen werden, denn die Sorglosigkeit unseres Schreibers ist gross, und wir haben 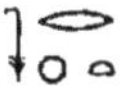 auch anderwärts bei Männern gefunden. So heisst es auf einer Apisstele im Louvre, welche nur um weniges früher als unser Sarkophag hergestellt worden zu sein scheint. 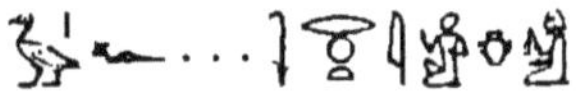 Sein Sohn . . . der kgl. Anverwandte ȧȧb. Auf einer Inschrift aus der IV. Dyn.[5]) wird ein  suten reχt ȧmϑen erwähnt, und dieser ȧmϑen ist jedenfalls ein Mann gewesen. Von der anderen Seite werden Frauen ziemlich oft  suten reχ (ohne ) genannt. Schon im alten Reiche heisst eine  Nubḥetp 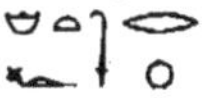 ḥemt-f suten reχ sein Weib, der königl. Anverwandte etc.[6]) Gelegentlich wird

5) Lepsius, Denkm. II, 3. Grab und Statue im Berl. Museum.

6) Lepsius. Denkm. II, 14.

dem Manne und dem Weibe in ganz gleicher Weise der Titel 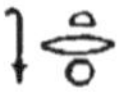 suten reχ beigesellt.[7])

So kommt denn auch durch diesen scheinbar weiblichen Titel unsere Frage nicht zur Entscheidung. Die pronominalen Suffixe, welche in derartigen Fragen manchmal den Ausschlag geben, lehren hier nichts, weil verstorbene Männer und Frauen in gleicher Weise Osiris wurden und Ḥaṭbastru wie jeder verklärte Aegypter darum auch Osiris genannt wird; Osiris aber ist männlichen Geschlechtes, und wo man ihn anredet oder wo von ihm gesprochen wird bedient man sich des Pronomens in der 2. oder 3. Pers. Mascul.

Da der Name Ḥaṭbastru sonst nirgends vorkommt,[8]) so bleibt uns nichts übrig als uns an das  se filius zu halten, welches doch kaum so consequent gebraucht worden sein würde, wenn Ḥaṭbastru die Tochter und nicht der Sohn seiner Eltern gewesen wäre und uns auf einen äusserlichen Umstand zu stützen, welcher die ganze Frage zu entscheiden scheint. Unser Sarg stellt eine bärtige und darum männliche Person dar, denn Frauensärge mit einem Barte sind weder mir, noch Dr. Stern, noch anderen Collegen, bei denen ich Nachfrage hielt, begegnet.

Leider fehlt, wie wir wissen, jede Nachricht über den Fundort unseres Denkmals; indessen scheint Ḥaṭbastru in Unteraegypten, und zwar in Memphis gelebt zu haben. Darauf deutet schon das in seinem Namen vorkommende unteraegyptische 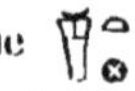 Bast, und dies wird zur Gewissheit durch den Anfang der Mittelzeile auf dem Deckel, wo es heisst  Eine königliche Opfergabe dem Osiris, dem grossen Gotte, dem Herren der weissen Mauer. Da diese »weisse Mauer« (ānbu ḥet') zu Memphis gehörte und keiner anderen Gottheit als dem Osiris dieser Lokalität im Namen des Ḥaṭbastru ein Opfer votirt wird, muss unser Verstorbener in der alten Menesstadt gelebt haben, oder doch wenigstens in derselben zu Grabe gegangen sein.

7) Lepsius, Denkm. II, 59.

8) Weder in Lieblein's nützlichem Namenswörterbuche, noch in meinen eigenen Collectaneen.

Die Zeit der Herstellung des Sarges.

Seyffarth, der erste Aegyptolog, welcher unser Denkmal (1842) zu sehen bekam, glaubte auf demselben einen Königsnamen und eine genaue Constellation, welche eine Bestimmung der Sterbezeit des Ḥatbastru auf astronomischem Wege zuliess, entdeckt zu haben, aber leider findet sich auf dem Sarkophag weder der eine, noch die andere. Die Entzifferungsversuche des gelehrten und in gutem Glauben an die Richtigkeit seiner Methode arbeitenden Gelehrten werden den jüngeren Fachgenossen, welche dem Entwickelungsgange unserer Wissenschaft nicht gefolgt sind, komisch und im höchsten Grade verkehrt vorkommen, ja sie werden den Seyffarth'schen Übersetzungen gar nicht mehr zu folgen im Stande sein und sie als Ungeheuerlichkeiten betrachten, mit denen man nicht mehr zu rechnen hat. Wollten sie sich indessen die Mühe geben, Seyffarths System kennen zu lernen, so würden sie wahrnehmen, dass der genannte Gelehrte es bei all seinen Übersetzungsversuchen ganz consequent angewendet hat, und sie würden sich dann mit uns voller Erstaunen fragen, wie es gelingen konnte mit Hülfe einer ganz verkehrten Entzifferungsmethode Versionen zu liefern, welche nur in vereinzelten Worten dem wahren Inhalt des Grundtextes entsprechen, und dennoch nicht ganz und gar unsinnig klingen. Champollion hatte diejenigen Hieroglyphen, welche wir längst als Silbenzeichen kennen, als alphabetische Buchstaben betrachtet, zu denen ein zweiter und manchmal auch ein dritter Laut zu ergänzen sei, Lepsius war es, welcher das Wort Silbenzeichen zuerst aussprach, Seyffarth aber stellte die Silbenzeichen an die Spitze seines Systems. Dabei ging er viel zu weit, und als er sah, dass die Champollion'sche Schule die Silbenzeichen, welche er als seine Entdeckung in Anspruch nahm, benutzte ohne ihn zu nennen, wurde er gereizt und fuhr sich, wenn der Ausdruck erlaubt ist, in die Silbenzeichen fest. Zeichen in Menge, denen ein ganz anderer Werth zukommt, wurden von ihm als solche betrachtet und erklärt. So gelangte er zu höchst verkehrten Lesungen, und die befremdlichen Wörter, welche bei diesem Verfahren herauskamen, erklärte er dann mit beispielloser Kühnheit aus dem Koptischen oder den semitischen Sprachen. Im Ganzen lässt sich sagen, dass wol selten ein ernster und fleissiger Gelehrter an eine von vorn herein verlorene und verkehrte Sache so grossen Eifer und so erstaunlichen Scharfsinn vergendet hat wie Seyffarth.

Den Namen unseres Ḥaṭbastru liest er Hetnitoeri, das  ānbu ḥet'-t, welches wir kennen, umschreibt er Tp theh. Er erklärt es aus dem koptischen ⲧⲁⲡⲉ ⲟⲱϣ Thebe provincia, nomus und hält also diese Gruppe, welche sicher einen Theil von Memphis bezeichnet, für den Namen des hundertthorigen Theben. In der Mittelzeile auf dem Deckel steht die häufig und mit vielen Varianten wiederkehrende Phrase 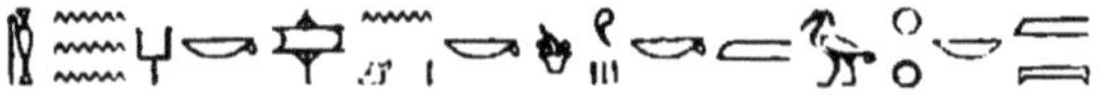 Libation Deinem Genius, Odem Deiner Nase, Räucherung Deinen Gliedern von allem Herrlichen aus dem Himmel (was der Himmel erzeugt) etc.  bedeutet hier also das Ausgezeichnete, Herrliche und weiter nichts; Seyffarth aber will in dieser einfachen Gruppe, obgleich sie keineswegs mit der Cartouche, welche alle Königsnamen auszeichnet, umgeben ist, den Namen des »zweiten Königs der XIX. Dyn.« erkennen, welchen er Rpe — Raphakes liest. Mit diesen Proben der Seyffarth'schen Entzifferungskunst mag es genug sein. Es gibt nichts aus ihr zu lernen, aber man sollte sie auch nicht hervorsuchen, um über sie zu lachen, denn sie ist das Resultat eines zwar verkehrten aber doch ernsten und ehrlichen Strebens.

Es steht trotz Seyffarth kein Königsname auf dem Sarkophag, und so müssen wir denn nach anderen Hülfsmitteln suchen, um der Zeit seiner Entstehung annäherungsweise auf den Grund zu kommen. Nun gibt es kein funeräres Monument, auf dem Figuren und Texte in erhabener Arbeit aus dem Holz geschnitten sind ausser unserem Sarg und den berühmten Brettern in den Museen von Bulaq und Turin. Die ersteren stammen aus der Pyramidenzeit, und da nun auch eine Anzahl von archaischen und grammatischen Formen in den Texten auf unserem Sarge vorkommt, so könnte man daran denken, seine Herstellung in die erste Hälfte des alten Reiches zu verlegen, zumal wir jetzt wissen, dass schon in weit früheren Tagen als man bis vor Kurzem gedacht hat, der Verstorbene ein Osiris genannt worden ist. Dagegen erhebt jedoch das  maāχer (mit vielen Varianten) Einspruch, denn dieses tritt zwar in späterer Zeit regelmässig hinter den Namen der Dahingegangenen, kommt aber unseres Wissens nie und nirgends vor der elften Dynastie vor. Dies  begleitet nun den Namen des Ḥatbastru wenn auch nicht immer, so doch unter dreissig Fällen zehn Mal, und aus diesem Umstande gewinnen wir einen Terminus a quo, welcher uns mit Bestimmtheit zu behaupten gestattet, dass unser Sarkophag frühestens aus der Zeit der XI. Dynastie stammt. Fassen wir sodann die Göttergestalten ins Auge, welche auf dem Deckel des Sarges angebracht sind und von denen wir später zu reden haben, so finden wir, dass sie zwar schon in den ältesten Texten des Todtenbuches erwähnt werden, aber in dieser Zahl und Form nicht früher als auf den Holzsärgen der XIX. Dyn. vorkommen,[9]) und so darf denn der Kreis enger gezogen und festgestellt werden, dass unser Sarg frühestens unter der erwähnten Herrscherreihe verfertigt worden sein kann. Doch in dieser Epoche und in den ihr folgenden Jahrzehnten liebte man es noch nicht auf archaische Formen zurückzugehen; solche kamen vielmehr erst später, und zwar unter den Fürsten der 26. Dynastie in Aufnahme. Man ging in dieser Zeit auch gern auf die Kunstformen des alten Reiches zurück und befleissigte sich in der Sculptur derselben liebevollen auch ins kleine gehenden Sorgfalt, welche uns an unserem Denkmal erfreut. Die Hieroglyphenschrift gewann damals, wo ein Zug »von gesuchter Classicität und eines eleganten Purismus«[10]) durch die ganze aegyptische Kunst ging und der Luxus, welcher in alle Gebiete des Lebens eingedrungen war, sich auch auf die Todtenbestattung erstreckte, jenen ansprechenden und ohne Kleinlichkeit zierlichen Stil, welcher Lepsius veranlasste die schriftbildenden Zeichen dieser Zeit den mustergültigen Hieroglyphentypen zu Grunde zu legen, welche für die Berliner Academie durch ihn hergestellt und von den Aegyptologen aller Länder in Gebrauch genommen worden sind. Fassen wir nun die Bilderschrift, welche den Sarkophag bedeckt, ins Auge, so finden wir, dass die Form der einzelnen Zeichen und der Stil der gesammten Texte sich nicht weit von der Eigenart der Schrift auf den Monumenten aus der XXVI. Dynastie entfernt. Bei der Be-

---

9) v. Bergmann. Der Sarkophag des Panehem Isis. S. 8. Vgl. dazu Lepsius Denkm. III, 279, e. Sharpe, Inscr. II, 27.

10) Lepsius, älteste Texte des Todtenbuches S. 11.

trachtung der Lichtgeister werden wir finden, dass diese auf einem Sarkophag[11]) aus der genannten Herrscherreihe ähnlich benannt und aufgezählt werden wie auf unserem Sarge. Keine Liste der χu' kommt der unseren so gleich wie die auf diesem Schrein des Psamðek neb peḥti (26. Dyn.).

So lässt sich denn vermuthen, dass unser Monument wenn auch nicht in dieser Epoche, so doch in einer derselben benachbarten entstanden ist. Prüfen wir nun den Werth der einzelnen schriftbildenden Zeichen, so kommen wir zu der Überzeugung, dass unser Sarg noch jünger ist als die 26. Dynastie und dass wir ihn frühestens in den Anfang der Ptolemäerherrschaft setzen müssen. In dieser Zeit war der Schriftstil der Saitischen Epoche noch nicht vergessen, und wo wir in derselben nicht der eigenartigen, schnörkelhaften und aenigmatischen Schreibweise begegnen, finden wir Texte, welche viele Besonderheiten der 26. Dynastie theilen. Dies gilt auch von dem unseren, und doch ist derselbe nicht frei von jenen Wunderlichkeiten, die erst unter den macedonischen Herrschern in die Hieroglyphenschrift eingedrungen sind. Wenn wir den Artikel beim Vocativ statt 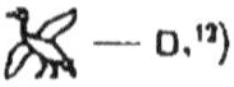,[12]) wenn wir [13]) statt mit dem Auge mit der Pupille o ı, wenn wir  aufgehen statt mit  mit , die ganze Gruppe also [14]) schreiben sehen und statt  —  statt  — [15]) (ⲧⲏⲣⲟⲩ) hinter dem Nomen finden, so sind wir zu behaupten berechtigt, dass wir es mit einem Denkmal aus der Lagidenzeit zu thun haben.  kommt mit dem Werthe *u* gewiss nicht vor den Ptolemäern vor.[16]) Unter einem der ersten dieser Könige wird unser Sarkophag doch wol verfertigt worden sein,

11) Lepsius, Denkm. III. 279.
12) Seitenstück G. rechts Z. 4.
13) Vorderstück B, links. Abschn. 2, Z. 9.
14) Schulterstück E, rechts Z. 2.
15) Seitenstück G. rechts Z. 3.
16) In Edfu und Dendera vertritt  die Buchstaben *u*, *s* und *r*. Dümichen, Zeitschr. 1879, S. 126, A. Osiris (Unnefr) wird hier und sonst   geschrieben, d. i. *u* + *s* + *r*, also *usr* oder *usir*.

derjenigen der 26. Dynastie in der That sehr nahe, und fehlt auf ihm noch jene Selbstapologie, die sich an die ersten Zeilen des 127. Kap. des Todtenbuches schliesst und der man auf den schönsten Särgen aus der Lagidenzeit begegnet.[17]) Mit dieser schwer anfechtbaren Bestimmung lassen sich auch die Namen des Ḥatbastru und seiner Eltern wohl vereinigen. Die der letzteren scheinen, wie gesagt, analog denen des Pasemtek[18]) und der Tasemtek mit dem Artikel gebildet zu sein. Ḥatbastru ist zwar ein Hapaxlegomenon, doch spricht schon die Form dieses Namens für sein geringes Alter. Wie weit er von den einfachen Namen des alten Reiches abweicht, braucht kaum hervorgehoben zu werden. Es ist auch bekannt, dass die Gruppe  oder  bast, (Stadt oder eponyme Göttin), welche in ihm vorkommt, erst seit der XXII. Dynastie häufiger bei der Bildung von Eigennamen verwandt wird. Zwar kennen wir eine Familie aus dem alten Reiche[19]) welche der Göttin Bast als Priester gedient zu haben scheint, und unter der einige Mitglieder  oder  etc. heissen, zwar kommt auf einer wiener Stele aus etwas späterer Zeit eine  vor, zwar hat es am Ende des alten Reiches den Namen [20]) und [21]) gegeben, im Anfang des neuen Reiches kommt aber ein mit ,  oder  Bast zusammengesetzter Name höchst selten vor. Aus dem Ende der 18. Dynastie kennen wir nur eine Familie,[22]) in der die Frauen als  qemāt n Bast oder Sängerinnen der Bast (auch des Āmon) thätig waren, und unter der ein männliches Mitglied  hiess. Bis zum Regierungsantritt der XXII. Dynastie kommen dann mit Bast zusammengesetzte Namen nur ganz vereinzelt vor, von da an bis zum Ende der XXVI. Dynastie

---

17) Sarg des Panehemisis (Wien) des Unnefer und Ḥor em ḥeb (Bulaq).

18) Kanopen im Dresdener Museum. Zeitschr. für aegypt. Spr. und Alterthumsk. 1881.

19) Berliner Stele 11. Bei Lieblein dict. des noms hiérogl. N. 111.

20) Sharpe. Inscr. VI. ser. 61.

21) Louvre. T. 154.

22) London. Tablet 154. Lieblein. D. d. n. h. 858.

werden sie ungemein häufig, und sie treten auch in der Perser- und Ptolemäerzeit in zahlreichen Beispielen auf. Wir erwähnen aus dieser Epoche eine  oder 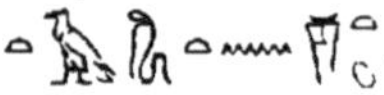. Derjenige mit Bast zusammengesetzte Name, welcher auch unter den Ptolemäern am beliebtesten war, ist [23]) Auch 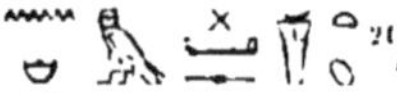[24]) mit verschiedenen Varianten[25]) ist nicht selten. Im Louvre finden sich die Namen  und 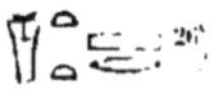[26]. Der eine gehört in die XXII. der andere in die XXVI. Dynastie. In diese und spätere Zeiten weisen noch die folgenden Namen, zu denen sich noch manche Ergänzung finden liesse:

Der schon oben erwähnte Name der Mutter des Ḥaṭbastru ist uns nur im Demotischen begegnet. Er heisst dort Ṡaχepri und sein griechisches Antigraphon lautet Σαχπηρις. Auch dieser Umstand zwingt uns die Entstehung des Sarges in verhältnissmässig späte Zeit zu verlegen. Unsere Ansicht geht also dahin, dass derselbe am Anfang der Ptolemäerzeit, und zwar zu Memphis, hergestellt worden ist.

Die Göttergestalten.

Die zum Schutze des Verstorbenen auf dem Sarg angebrachten Göttergestalten sind nicht eben zahlreich. An anderen Sarkophagen und besonders an denen aus späterer Zeit kommen sie in sehr viel grösserer Menge vor. Merkwürdig ist das Fehlen der vier preisenden Affen,  äāni' ȧft, welche im Todtenbuche sowohl auf der Vignette als im Text des 126. Kapitels, das auch

23) Krall, Studien zur Gesch. d. a. Aegypten. Wien 1884. S. 50.

24) Bulaq Stele 143.

25) Liverpool. Sarg. Liebl. I. I. 1069. Münchener Antiquarium Stele 30. (III. 1, 4.) Liebl. I. I. 1050.

26) Auf 1 Apisstele und Stein 271.

auf unserem Sarge angebracht ist, vorkommen. Es fehlen hier ferner (sie sind überhaupt auf Holzsärgen selten) die Nachtstunden, welche so häufig in die Steinsarkophage gemeisselt wurden und die (man denke an die ȧmi-ṭuat Texte) nicht von endlicher Dauer waren und als Schauplätze dessen, was in ihnen vorging, angesehen worden sind. Die Sarkophage vertraten den Westberg und die Unterwelt, und wenn wir das was in ihr war und vorging, namentlich auf Steinsärgen häufig abgebildet finden, so erklärt sich das leicht, weil der selig gesprochene Verstorbene nicht nur eingeht in die Herrlichkeit des Rā (der Sonne), welcher als werkthätiger Schöpfer aller Dinge aufgefasst wird (von  rā thun), sondern weil er auch all seine Attribute empfängt und vollständig mit ihm assimilirt wird. Als Rā hat nun der Dahingegangene, wie die Sonne nach ihrem Tageslaufe, die Unterwelt zu durchwandern, um am anderen Morgen am östlichen Horizonte als neues die Erde erleuchtendes und segnendes Tagesgestirn wieder aufzugehen. In die 12 Stunden der Nacht fällt der Lauf der Sonnenbarke durch die Todtenregion; darum werden diese als Frauengestalten mit dem fünfstrahligen Stern ⋆ auf dem Haupte (manchmal auch in Begleitung der Stunden des Tages) besonders gern auf den Steinsarkophagen dargestellt. Sie fehlen nie in dem »Buche von dem was in der Unterwelt ist«, aber dies findet sich, wie schon angedeutet wurde, gewöhnlich nur auf Steinsarkophagen mit viereckigem Durchschnitt, weil es mehr Platz erfordert als ein Schrein in Gestalt der menschlichen Mumie hergibt. Unser Verstorbener ist aber nicht nur Rā, sondern, und zwar in erster Reihe, Osiris, mit dessen Namen er auch benannt wird. »Damit ist« — wir bedienen uns der knappen und durchaus zutreffenden Erklärung v. Bergmanns — »damit ist die nächtliche, abgestorbene und in Todesstarrheit befangene Sonne gemeint, die aber, mit unzerstörbarer vitaler Potenz begabt, aus dem Todtenschlafe erwachend, am Morgen zu neuem Leben am östlichen Horizonte emporsteigt.« Im letzten Stadium der Apotheose wird aus dem Osiris Rā.

Auf dem Sarg unseres Ḥaṭbastru gibt es keine eigentlichen astronomischen Darstellungen zu sehen, wenn auch der Göttercyklus, welcher uns auf seinem Deckel begegnet, wenigstens ursprünglich einen siderischen Charakter gehabt zu haben scheint.

An beiden Seiten des Mittelstreifens auf dem oberen Theile des Sarkophags, und zwar unmittelbar unter der die Flügel ausstreckenden Nut stehen einander zwei Mal paarweise und einmal einzeln Göttergestalten gegenüber. Diese bilden zusammen einen Kreis von 10 Gottheiten, welcher beinahe ebenso in der XXVI. Dynastie und niemals früher als auf den Holzsärgen der XIX. Dynastie vorkommt, aber immer nur als eine Erweiterung des Cyklus der 7 oder 8 χu'  zu betrachten ist, welcher schon im ältesten Kapitel des Todtenbuches, dem 17., und zwar in der 38. Zeile erwähnt wird. Auf dem Sarge des Sebekaä — er stammt aus dem alten Reiche — heisst es von ihnen (im Innern des Deckels) also:

 »Ich auch kenne den Namen der 7 Lichtgeister, welche sich befinden im Dienste des Herrn der Nomen (Osiris); durch Anubis sind ihnen ihre Sitze bereitet worden«. Diese Stelle (und noch deutlicher der unten zu citirende Satz im Pap. des Šuti Qenna Taf. X, 119) liefert die Erklärung, warum auf unserem Sarkophag dem aus 7 zu 10 erweiterten Kreise der χu' oder Lichtgeister zwei verschiedene Formen des Anubis folgen. Die ganze Götterschaar kommt zum Abschluss mit zwei Göttergestalten 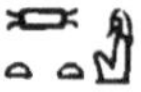 Neith[28]) und  Selq. An Stelle dieser beiden könnte man wohl das Göttinnenpaar Neχeb (Neqeb) und Uat', die Süd- und Nordgöttin, erwarten, und Neith und Selq scheinen hier in der That für diese einzutreten.

---

27) Lepsius, älteste Texte des Todtenbuches. Taf. 32. Z. 45. In dem schönen Theb. Papyrus des 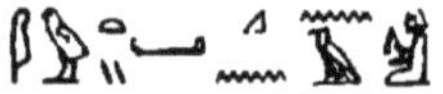 Šuti Qenna, welcher zu Leyden conservirt wird, ist immer nur von 6 Lichtgeistern die Rede; bei der Aufzählung derselben (siehe die Liste) Taf. X, 116 und 117 der Leemans'schen Publication, werden aber dennoch deren 7 bei Namen genannt.

28) Das ⌧ ist nur ▭ geschrieben, und so könnte man es wol auch ▭ lesen; aber der Winkel vorn ist kein spitzer, sondern ein rechter, und Neith und Selq gehören zusammen; mit besonderer Regelmässigkeit auf den Kanopeninschriften. In dem begleitenden Texte wird die gemeinte Schutzgöttin »Mutter« genannt, was sich auf Neith und nicht auf Maā beziehen muss.

Der zu 10 erweiterte Kreis der 7 χu' oder Lichtgeister kommt, wie bereits angedeutet worden ist, nicht vor der XIX. Dynastie vor. Merkwürdig ist es, dass auf späteren Särgen aus der Ptolemäerzeit der Cyklus wieder zusammenschrumpft und nur noch 8 Götter enthält. Wir denken, dass es Manchem angenehm und nützlich sein wird hier neben der Lichtgeisterreihe auf unserem Sarkophag andere Listen derselben Verehrungswesen zur Vergleichung vereinigt zu finden. (S. S. 222 und 223.)

Diese Listen zeigen verschiedene Divergenzen; nur die Namen der vier Todtengenien bleiben einander auf allen gleich. v. Bergmann[29]) hat die ursprünglich siderische Natur der χu' nachgewiesen, und wir erwähnten schon oben, dass sie bereits in den ältesten Texten des Todtenbuches[30]) als im Dienste des Herren der Nomen, d. i. des Osiris, stehende Lichtgeister bezeichnet werden. Auch in den Inschriften unseres Sarkophages sind sie die hülfreichen Geleitsmänner, Diener und Kämpfer für den Osiris d. i. den Verstorbenen. Bei allen Stadien seiner Erneuerung und Verklärung stehen sie ihm thatkräftig bei, und zwar auf Befehl des Rā,[31]) bis die Apotheose des Dahingegangenen erfolgt und er selbst Rā geworden ist. Ähnliche Dienste und Hülfleistungen wie die Lichtgeister haben auch Neith und Selq dem Verstorbenen zu verrichten, wenn auch nur mittelbar, da sie gewöhnlich als Beschützerinnen der den Dahingegangenen schirmenden Kanopengötter genannt werden.

Zwischen den 10 χu' und dem genannten Göttinnen-Paare sieht man links und rechts von der Mittelzeile je eine Gestalt mit dem Schakalkopfe. Beide tragen das Scepter  in der linken und das  in der rechten Hand. Sie folgen den Lichtgeistern unmittelbar und bringen wie die sie begleitenden Inschriften lehren, den Gott Anubis zur Anschauung. Die Figur rechts wird 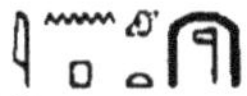 ānep (Anubis) in der Kapelle, die Figur links  ānep (Anubis) oben auf seinem Berge genannt.

29) v. Bergmann. Der Sarkophag der Panehemisis S. 8.

30) Lepsius, älteste Texte d. T. Taf. 32, Z. 18.

31)  χerhak-f sagt: 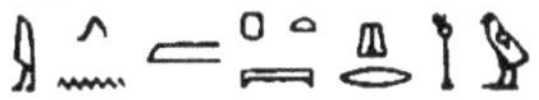 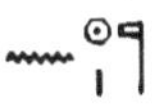 Ich komme vom Himmel auf Befehl des Rā etc.

Licht

I. Sarkophag des Ḥaṭbastru. (10 Lichtgeister.)	II. Todtenb. XVII, 38. (7. Lichtgeister.)	III. Leydener theban. Pap. des Šuti Qenna aus der XVIII. Dyn.
1.		
2.		
3.		
4.		
5.	—	—
6.	—	—
var.		
7.	—	—
8.	—	—
9.	—	—
10.		
var.		

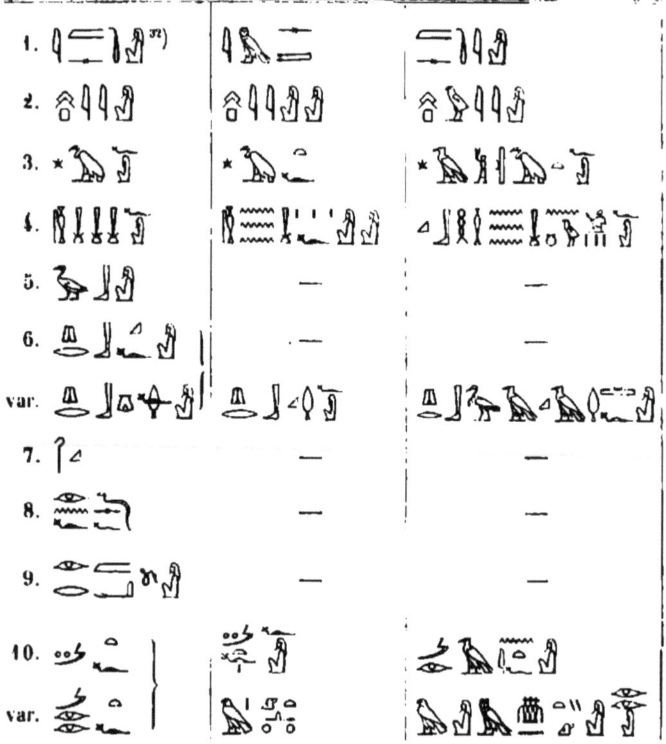

32) Auf dem grossen Sarkophag im museo civico zu Bologna ein mal auch

geister.

IV. Todtenb. XCIX, 18. (8 Lichtgeister.)	V. Deckel des Sarges des Feldhauptmannes Psamtek neb pehti aus der XXVI. Dyn.	VI. Sarg des Panchem-isis zu Wien. (8 Lichtgeister.) Ptolemäerzeit.
[hieroglyphs]	[hieroglyphs]	[hieroglyphs]
[hieroglyphs]	[hieroglyphs]	[hieroglyphs]
[hieroglyphs]	[hieroglyphs]	[hieroglyphs]
[hieroglyphs]	[hieroglyphs]	[hieroglyphs]
—	—	—
—	—	—
	[hieroglyphs]	
[hieroglyphs]	[hieroglyphs]	[hieroglyphs] [33)]
[hieroglyphs]	[hieroglyphs]	[hieroglyphs]
[hieroglyphs]	[hieroglyphs]	[hieroglyphs]
[hieroglyphs]	[hieroglyphs]	[hieroglyphs]
—	[hieroglyphs]	—

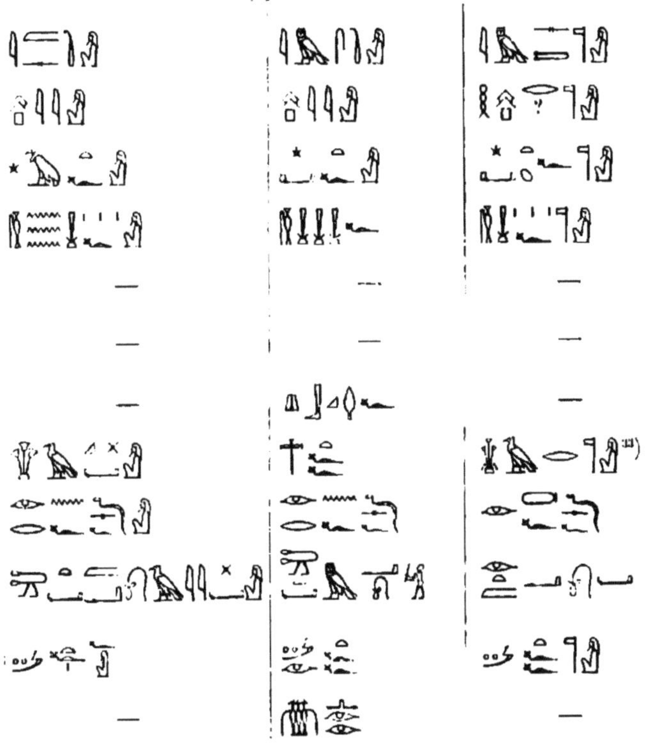

33) Ebenso Dümichen. Tempelinschriften I, 15.

Man musste von vorn herein einen Gott, welcher mit der Balsamirung, der Todtenbestattung und der Unterwelt so eng zusammenhängt wie Anubis auf unserem Sarkophag zu finden erwarten. Er ist ja auch der Psychopompos der Aegypter. Unter die χu' darf man ihn nicht rechnen, obgleich der letzte Name in der alten Liste Todtenb. XVII. 38 Ḥor χent ȧn ma im gleichen Kapitel derselben Schrift Z. 61 dem Anubis gleich gesetzt wird. Es heisst dort Anubis aber ist Ḥor χent ȧn ma d. h. Horus, welcher sich im Inneren dessen befindet, der ohne Sehkraft ist. Der des Gesichtes Beraubte ist der Verstorbene, und wenn von diesem ausgesagt wird, dass sich Horus in ihm wirksam erweise, so bedeutet dies, dass die vitale Kraft in den Leichnam zurückgekehrt sei. Ḥor χent ȧn ma, welcher dem Anubis gleich sein soll, lässt sich also kurz als die den Leichnam neu belebende Potenz bezeichnen. Anubis folgt den χu' wie der Hirt der Heerde und bereitet ihnen die Sitze (Todtenb. 17, 34 . Im Theb. Pap. des Šuti Qenna zu Leyden heisst es an der gleichen Stelle des XVII. Cap. (Leemans'sche Publikation Taf. X, 119) von den Lichtgeistern Es hat sie betraut Anubis mit dem Schutze des balsamirten Leichnams. Der Seele des Verstorbenen öffnet Anubis die Wege als Anup ȧp uat',[34]) nachdem er für ihre Balsamirung Sorge getragen. Über diese Seite seiner göttlichen Thätigkeit wird in den sogenannten Balsamirungsritualen, welche von Maspero[35])

34) Todtenb. 18, 22 u. a. v. a. O. Die Lesart uat festgestellt von Le Page Renouf. Proceedings. Soc. of. bibl. arch. 1882. S. 61. S. Lepsius älteste Texte. T. VI. 9. Sharpe, Inscr. I, 78. II, 86. Die entscheidende Variante ist S. dazu Todtenb. 147, 22. Ich bin gekommen wie Rā Ich habe zurückgelegt den Weg gleichwie ihn mir bereitet hat Anubis. In den ȧmi-ṭuat Texten sitzt der ȧp-uat auch als wegweisender Pilot an der Spitze der Barke.

35) Maspero. Mémoire sur quelques Papyrus du Louvre. Paris 1875. Le rituel de l'embaumement. D'après le Pap. 5158 du Louvre et le pap. 3 de Boulaq.

herausgegeben und behandelt worden sind, nähere Auskunft gegeben. Jedermann kennt die zahlreichen Vignetten, welche Anubis zeigen, wie er neben der Bahre seine Hände schutzend oder segnend gegen den Verstorbenen niederlässt. Ist die Mumie »vollendet«, so sorgt Anubis für die Unterkunft derselben, denn es heisst Todtenb. 152, 2

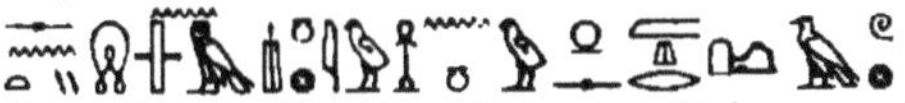 Es ruft an den Anubis der Osiris . . . Er erbaut ihm seine Wohnung auf Erden. Er legt ihren Grundstein in Heliopolis und er friedet sie ein in χerau. — Wie Anubis den Leichnam balsamirt, so sorgt er für die Wiederherstellung und Kräftigung des auferstandenen Leibes, und er begleitet denselben schützend und helfend bis in die Halle des Gerichtes. Dort nimmt er Theil an der Wägung des Herzens des Verstorbenen,[36] indem er Hand an diejenige Schale der Wage legt, auf welcher das Gewicht, das Bild der Göttin der Wahrheit, steht. In seinen Mund wird die Verkündigung des Resultates der Wägung gelegt, und wenn die Rechtfertigung der Seele erfolgt ist, bleibt er ihr Begleiter und Hüter bis zu ihrer Apotheose. Ja die Nacht, in welcher die Verklärung erfolgt heisst[37]) 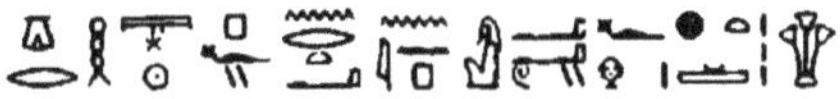

 . . . diese Nacht, in welcher Anubis seine Hände legt auf die Dinge, welche hinter dem Osiris liegen.

Diejenigen Formen, unter denen Anubis auf unserem Sarkophag vorkommt, finden sich beide im Todtenbuche wieder, die eine 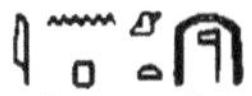 Anubis in der göttlichen Halle ganz offen[38]) und ebenso wie auf dem Schrein des Ḥatbastru, die andere im Turiner Exemplar versteckter, aber doch leicht kenntlich und durch Varianten in anderen Papyrus sicher zu identificiren. »Anubis in der göttlichen Halle« ist derjenige, welcher sich im Saale des Gerichtes bei der Wägung thätig erweist. Dies geht mit Gewissheit aus dem in der

---

36) Todtenb. CXXV. Vign. d.

37) Todtenb. XVIII, 36.

38) Todtenb. 142, 13. . Ferner mit unwesentlichen Varianten 142, 25. 151, c.

Wägungsscene über der Schale mit der Göttin der Wahrheit stehenden Texte hervor, wo es zu Häupten der Anubis heisst:[39] 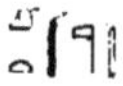 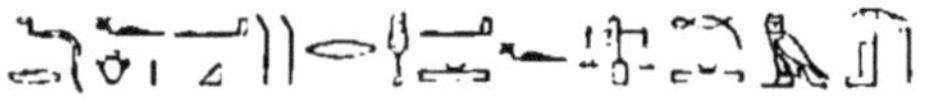 . . . (Anubis) in der göttlichen Halle spricht: »Das Herz hält das Gleichgewicht durch seine Stellung, der Wage ist genug gethan durch den Osiris. . . «

Neben diesem Verkündiger des Ausfalles der Wägung in der göttlichen Halle steht der 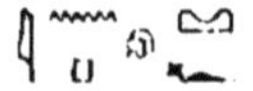 oder Anubis oben auf seinem Berge.

Diese Form des Gottes ist unendlich häufig, und doch kommt sie im Turiner Exemplar des Todtenbuches nirgends ausgeschrieben vor. Indessen ist auch diesen Texten unser Gott wohlbekannt und wenn wir Todtenb. 145, 79 lesen: 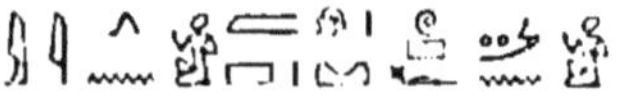  so haben wir in diesem Satze die beiden Anubisformen unseres Sarkophags vor uns und dürfen übersetzen: Ich wandle im Hause des (Anubis) der oben auf seinem Berge[40]) und sehe den (Anubis) in der göttlichen Halle. In dem sehr verderbten Texte Todtenb. 151, b wird unter dem Bilde des Anubis, welcher zwischen zwei aufgerichteten Mumiengestalten liegt, statt des Anubis ein Osiris tep ṭu-f genannt. Dies darf uns nicht wundern, da der Verstorbene zwar gewöhnlich ein Abbild des Osiris, oft aber auch des Anubis heisst. Todtenb. 17, 7 kommt ein 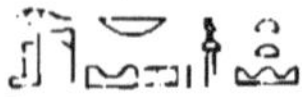 Osiris, Herr des Westberges vor, und eben dieser Westberg, d. h. das libysche Gebirge, welches die Nekropolen nach Abend hin abgrenzt, muss selbstverständlich die Residenz des Gottes der Todtenregion sein.

39) Todtenb. CXXV, vign. d.

40) Erman. Ztschr. 1883, S. 95 fasst mit Recht das  in diesem Titel als Nisbe  und weist zutreffend darauf hin, dass in alten Formeln und Titeln die Nisbe defectiv geschrieben wird. Er hält a. a. O. ⲧϩⲁⲓ̈ⲅⲱⲅ im grossen pariser Zauberpapyrus C, 11 für die koptische Form unseres tep ṭu-f und sucht den lautlichen Vorgang in Folge dessen diese Wandlung erfolgt sein würde geschickt durch Analogien zu erklären. Jedenfalls wird gerade Anubis noch im 5. und 6. Jahrh. n. Chr. in griechisch-aegyptischen Zauberschriften angerufen.

Auf dem Deckel des Sarkophages des [11]), welchen wir schon oben erwähnten, finden wir hinter den zu 10 erweiterten 8 Lichtgeistern gerade wie auf unserem Sarge die beiden Anubisformen. Neben ihnen steht der Stab mit dem Pantherfell etc. , welcher so oft zu Füssen des Osiris der Unterwelt zu sehen ist. Der Anubis in der göttlichen Halle heisst hier , Anubis oben auf seinem Berge und wird wie auf unserem Sarkophage und dazu noch der Herr der Nekropole genannt. Beim Tempelkult von Dendera trugen 8 Pastophoren den Schrein der Hathor, welcher Statuetten der 8 Lichtgeister enthalten zu haben scheint. Dieselben werden in der Inschrift zur Rechten und Linken des Schreines (Mariette, Denderah IV, Taf. 9, Nr. XXXVIII) also genannt: ämseϑ. Ṭuamet-f, ḥeq. är ren-f t'esef, qebḥsenf, Maa-tef-f, [12]), χer ḥeq-f χent än ma.

Die Inschriften auf dem Deckel.

Sie zerfallen in einen Mittelstreifen von je 6 Zeilen zur Linken und Rechten desselben. Auf den dieser Arbeit beigegebenen Tafeln haben wir sie in lithographischer Reproduction gegeben. Wohin jede gehört, lässt sich leicht aus dem Tableau erkennen, welches die auf die Ebene übertragene Oberfläche des Sarges zeigt. Wir geben den Text genau wieder und haben geflissentlich von Correcturen, auch da wo für , für steht, abgesehen.

Taf. I. Mittelstück A.

Ein königliches Weihgeschenk für den Osiris, den

11) Lepsius, Denkm. III, 279, c.

12) Aus diesem Beispiel ergibt sich die Lesung χer für . Dieselbe kommt ja auch sonst oft vor, darf aber keineswegs für die Lesung = χer herangezogen werden. Nach unserer und Le Page Renoufs Darlegung muss es bei = χa bleiben.

grossen Gott, den Herrn der weissen Mauer[43] für den werthgeschätzten bei Osiris den königlichen Anverwandten Ḥaṭbastru. Libation werde dargebracht Deinem Genius (Ḳa), Odem sei Deiner Nase, Räucherung Deinen Gliedern von allem Vorzüglichen was aus dem Himmel stammt und allem was aufsprosst auf Erden. Es sollen Dich erfrischen Wasser, jederlei Opfergebäck und alle Dinge, welche erscheinen vor dem Opfertische des Obersten und grossen Herrn der weissen Mauer??[44]) Du darfst hinein- und herausgehen, nicht bist du ausgeschlossen aus den Thoren derer, welche auferstanden sind für die Ewigkeit.[45])

Vorderstück C, rechts 1 und 2 und Vorderstück B, links 1 und 2.

Die beiden Hälften des Vorderstückes dürfen nicht einzeln von Zeile 1 bis hinunter zu Zeile 6 behandelt werden, sondern so, dass man der ersten Zeile rechts die erste Zeile links, dieser die zweite Zeile rechts, dieser wiederum die zweite links folgen lässt und so fort. Dies geht aus den ersten Zeilen auf beiden Seiten hervor, denn sie sind den Horuskindern, den vier ersten Lichtgeistern gewidmet, welche nicht getrennt werden konnten, und wie gewöhnlich so auch hier mit  ámseḋ beginnen.

Ein diesen vier Genien oder den 10 Lichtgeistern gemeinsam geltender Text ist hier nicht vorhanden, obwol es einen solchen gibt, wie wir aus dem Sarkophag des Paneḥem Isis ersehen,[46]) wo er lautet:

---

43) Das auch den Griechen wohlbekannte Fort von Memphis λευκὸν τεῖχος. Nach dem Scholiasten zu Thucydides I, 104, weil es von Bruchsteinen (dem schimmernden Kalk des Mokattam) und nicht von Ziegeln erbaut war. Es wird sonst noch erwähnt Herodot III, 91 und Diodor XI, 74, 77.

44) Die unausgeführten Rechtecke müssten doch wol also gelesen werden
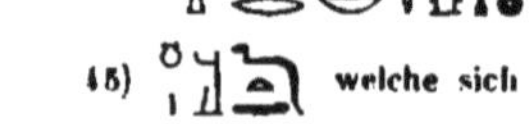

45) 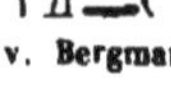 welche sich in die Höhe heben ewiglich.

46) v. Bergmann. Der Sarkophag des Panehemisis. S. 7.

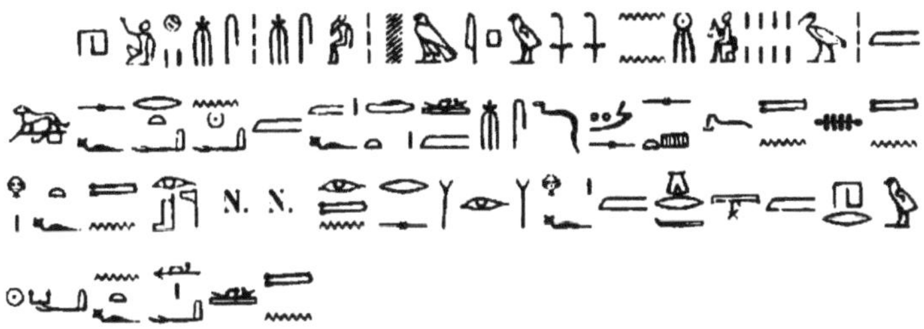

Heil, Heil Euch Söhnen, diesen Kindern des Horus, diesen 8 Lichtgeistern, den Vollkommenen. Zu seinem Dienste sind sie von Râ daselbst an seine Seite gesetzt worden, weil da hasset Seth seinen (nicht ihren) Anblick. Übet aus Eueren Schutz über Eueren Vater Osiris N. N. Vollbringet das Wachen über ihn Tag und Nacht, denn er ist einer von Euch.

Den vier Horussöhnen oder Todtengenien liegt es ob, den Verstorbenen zu beschützen und zu bewachen. Auf der Vignette zum CXXV. Kapitel des Todtenbuches, wo sie in der Gerichtshalle über dem Opfertische dem Oberrichter Osiris gegenüberstehen, scheinen sie als Anwälte zu fungiren. Unter den Erklärungen zum XVII. Kapitel des Todtenbuches, welche leider den klaren Grundtext weit öfter verdüstern als aufhellen, befindet sich eine, die sich auf sie bezieht und immerhin geeignet scheint einiges Licht auf ihre mythologische Bedeutung zu werfen. Der Grundtext Todtenbuch XVII, 32, sagt:

Heil Euch, ihr Herren, der lohnenden und strafenden Gerechtigkeit 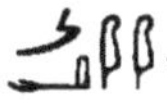, ihr königlichen Häupter, die ihr schützend hinter dem Osiris stehet, ihr die ihr abtrennt (šaṭ) vom Bösen, ihr, die ihr derjenigen folget, welche gnädig gewährt ihren Schutz (ḥetep-s χu-s), gebet auch mir, dass ich zu Euch komme. Löset in nichts auf alles Schlimme, das an mir haftet (âri-â), gleichwie ihr es thut jenen sieben Lichtgeistern, welche zur Gefolgschaft (Dienerschaft) gehören ihres Herrn, welcher das Recht zuertheilt, und denen Anubis ihren Platz angewiesen hat an jenem Tage des »Komm Du zu uns!«

Nun beginnt die Erklärung mit einem
Was ist das?

Es sind diese göttlichen Herren der lohnenden und strafenden Gerechtigkeit Ṭeχuti und Åsṭes, die Herren des Todtenreiches ( ); die königlichen Häupter aber,[47]) welche schützend hinter dem Osiris stehen, sind Åmseϑ, Ḥāpi, Ṭuamet-f und Qebḥsenu-f, und diese sind es auch, welche sich hinter dem Stierschenkelgestirn des nördlichen Himmels befinden.

Aus dieser Erklärung geht hervor, dass man die vier Genien wol zunächst als siderische Gottheiten und dann als Schirmherren der Verstorbenen gedacht hat. In Folge der ersteren Auffassung haben sie auch kalendarische Funktionen und treten als eponyme Gottheiten der Monatstage auf. Sie stehen unter diesen dem 4—8, dem 10. und 15. als Kalendergottheiten vor. Als Schutzherrn des Verstorbenen geben sie demselben die Grundbestandtheile seines Wesens zurück, denn auf dem Sarkophag des Peṭu usiri mit dem uns Naville zuerst bekannt gemacht hat,[48]) sagt Åmseϑ: »Ich übergebe Dir Deinen ⊔«,[49]) (das ist die von dem materiellen Körper abstrahirte Erscheinungsform, der Genius und geistige Doppelgänger). Ḥāpi spricht: »Ich übergebe Dir Dein Herz« (d. i. Geist und Gemüth). Ṭuamet-f spricht: Ich übergebe Dir Deine Seele ba (d. i. das Lebensprincip, durch welches sich das Lebende vom Nichtlebenden unterscheidet). Qebḥsenu-f spricht: Ich gebe Dir Deinen saḥu« (d. i. der durch die Balsamirung für eine ewige Dauer zubereitete Leib).[50])

---

47) Die vier Todtengenien werden auch an andern Stellen genannt.

48) Zeitschr. 1877, S. 30.

49)

50) Auf der Granitstatue der Hor uṭ'a zu Miramar heisst es Ich bin ein Saḥu durch das was

Naville hat a. a. O. auch darauf hingewiesen, dass wir in unseren vier Genien die Gottheiten der vier Himmels- und Windrichtungen, ja der vier Winde selbst zu erkennen haben. Zu den bekannten Krönungfesten, welche im Ramesseum (Leps. Denkm. III, 163) und zu Medinet Habu dargestellt werden, gehört eine Ceremonie, welche daraus besteht, dass man vier Vögel als Boten in alle vier Himmelsrichtungen fliegen lässt. Jeder von ihnen wird nach einem von unseren Genien genannt. Beide Monumente haben für den Süden Åmseϑ und für den Norden Ḥâpi, welcher zu Medin. Habu  geschrieben wird. Qebḥsenu-f und Ṭuamet-f stehen im Ramesseum dem Westen und Osten, zu Med. Habu umgekehrt dem Osten und Westen vor. Genauigkeit ist bei solchen Dingen überhaupt nicht zu erwarten, aber Åmseϑ und Ḥâpi sind ohne jede Ausnahme Vorsteher der Windrichtungen des Südens und Nordens, und in weitaus den meisten Fällen, welche wir notirt haben, ist, wie im Ramesseum, Ṭuamet-f der Gott des Ostens und Ostwindes, Qebḥsenuf der des Westens und Westwindes. Der Text von Med. Habu schliesst sich an die weniger gebräuchliche, aber doch auch sonst vorkommende Auffassung. Auch zu Dendera steht Ṭuamet-f dem Ost-, Qebḥsenu-f dem Westwinde vor.[51]) Naville hat ferner darauf

---

ihm geschehen ist, ein Verklärter, vollkommen durch die Ausstattung, welche sich an ihm befindet. Diese Ausstattung ist die Balsamirung, die Umwickelung mit Binden und ist auch die dem Leichnam beigegebenen schützenden Amulete und Texte. Das Lexikon lehrt, dass saḥu auf die Wurzel  zurückzuführen ist, welche sich im koptischen ⲥⲉϩ, ⲥⲱⲟⲩϩ, ⲥⲟⲟⲩϩ congerere, congregare, acervare erhalten hat. Es bedeutet mit etwas reichlich versehen, reichlich beschenken. Im Pap. Ebers 65, 16 wird es von Salben gebraucht, die reichlich aufgetragen werden sollen. An solchen saḥu oder reichlich ausgestatteten Mumienleibe haftete die körperliche Form, durch welche sich der verstorbene Mensch von anderen Menschen unterschieden hatte, und in den funerären Texten wird darum unter Saḥu nicht nur die Mumie, sondern auch die von dem Körper abgelöst gedachte Unterscheidungsform desselben verstanden. In dieser Auffassung ist der Saḥu dem , nahe verwandt und man darf ihn wohl Schemen übersetzen. Der Ka wird abstrahirt von dem Bilde, der Statue des Verstorbenen, der Saḥu von seiner Mumie.

51) In einer Darstellung der vier Winde in einem der Fenster von Dendera. Dümichen Resultate Taf. 46.

hingewiesen, dass Åmseϑ und Ḥāpi mit der Doppelstadt[52])  pe und ṭep (d. i. Buto), die beiden anderen sog. Kanopen mit der Stadt  χen oder neχen in Zusammenhang gebracht werden. Die  oder Geister dieser beiden Orte, d. h. die in ihnen verehrten mythologischen Persönlichkeiten waren von so grosser Bedeutung, dass die Seelen der Verstorbenen sie in der Unterwelt kennen mussten. Die Überschrift des 112. Kapitels des Todtenb. lautet: . Ein anderes Kapitel von der Kenntniss der Geister von Buto, die des 113. Kapitels:   Kapitel von der Kenntniss der Geister von χen oder neχen, d. i. die Eileithyiastadt. Aus Kap. 112 geht nun hervor, dass Horus zum Gotte von Buto eingesetzt worden ist nachdem das Horusauge den Seth, welcher es in Gestalt eines Schweines angefallen, verbrannt hatte.[53]) In demselben Kapitel heisst es, dass die vier ersten Lichtgeister Åmseϑ, Ḥāpi etc. den Horus zum Vater und die Isis zur Mutter haben.  ihr Vater aber ist Horus, ihre Mutter Isis. Demnach gehören nicht alle vier zu den Seelen von Buto; vielmehr nennt der Verstorbene, nachdem er zur Kenntniss dieser Seelen gelangt ist Todtenb. 112, 8 nur Horus, Åmseϑ und Ḥāpi. Die beiden anderen Ṭuamet-f und Qebḥsenu-f gehören — wiederum mit Horus — wie das 113. Kap. lehrt, zu den Göttern von . Dies war dem Horus durch Rā verliehen worden, nachdem es Sebek gelungen war, seine Arme, welche er im Kampfe gegen Seth eingebüsst hatte, mit seinem Netze aus dem Wasser zu fischen. Wie Åmseϑ und Ḥāpi zu Buto, so sind Ṭuamet-f und Qebḥsenu-f zu χen oder Neχen, d. h. in der Südstadt καθ' ἐξοχήν, der Eileithyiastadt der Griechen und dem el-Kab von heute die Wächter und Begleiter ihres Vaters Horus. So kommt es denn auch, dass in der Vignette zu Kap. 112 der Verstorbene den Horus und seine Söhne Amseϑ und Ḥāpi die Geister von Pe, in der Vignette zu Kap. 113 den Horus und seine Söhne Ṭua-

52) Wie Buda-Pest oder Elberfeld-Barmen.

53) Todtenb. 112, 6.

met-f und Qebḥsenu-f, die Geister von χen oder Neχen, anbetet. — Eigentlich sollte man für χen oder Neχen Ȧmseϑ, vielleicht mit Ṭuamet-f, für Buto Ḥāpi, vielleicht mit Qebḥsenu-f erwarten, denn χen oder χennen ist stets die Südstadt, Buto immer die Nordstadt, und so sagt denn auch der Gott Menḥi zu Esne dem Könige:[54] 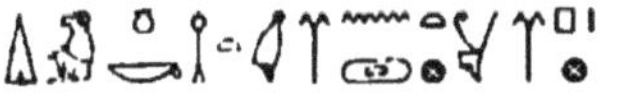 Ich gebe Dir die weisse Krone (von Oberaegypten) in Neχen und die rothe Krone (von Unteraegypten) in Pe. Die Göttin von Neχen 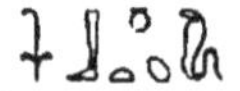 Neχeb-t ist stets die des Südens, die , var. 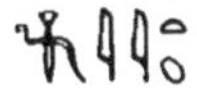 ut'-t oder ut'-it ist immer die des Nordens. So würde man denn auch zu Neχen neben dem Horus dieser Stadt den Ȧmseϑ, welcher überall der Windrichtung des Südens vorsteht, und neben dem Horus von Pe und Ṭep, Ḥāpi, den nördlichen ohne seinen südlichen Genossen Ȧmseϑ, welcher ihn hier dennoch begleitet, zu erwarten haben. Die Naville'sche Wahrnehmung, dass also  Pe für sich allein, wenn es  χen oder Neχen gegenübergestellt werde, den Norden und Süden zugleich darstellen könne, ist unanfechtbar, aber eine Erklärung für dieselbe haben wir nicht zu finden vermocht. Statuen derselben kennen wir nicht, wol aber werden häufig kleine Wachsfiguren in der Höhe von 7—10 cm. »die vier Osirissöhne« bei den Mumien gefunden.

Besonders häufig begegnen uns die vier ersten Lichtgeister als Vasen, deren Deckel die Form desjenigen Thierkopfes tragen, welchen man jedem einzelnen von ihnen zuschrieb, und deren Inneres diejenigen Innentheile des Verstorbenen barg, welche jeder von ihnen besonders zu beschützen hatte. In jedem Museum finden sich dergleichen Vasen oder Urnen, und sie werden schon früh allgemein mit dem Namen »Kanopen« bezeichnet, obgleich derselbe nicht aegyptisch zu sein scheint. Jedenfalls hängt er mit dem der Stadt Κάνωπος oder doch wohl richtiger Κάνωβος, zusammen, aber auch dieser scheint griechisch zu sein. Nach einer bekannten Stelle des Aristides,[55] würde der betreffende Name allerdings aus dem Aegyptischen kommen. Der genannte Schriftsteller will mit Recht nicht an die Sage glauben, dass

54) Brugsch, Dictionnaire géographique. I, S. 354.

55) Aristides. Or. Aegypt., opp. T. II. p. 359 seq. ed. Jebb.

Kanobos nach dem Steuermanne des Menelaos, welcher hier begraben liegen sollte, benannt worden sei, denn ein aegyptischer Priester hatte ihm mitgetheilt, die Stadt habe schon viele Jahrhunderte vor Menelaos ihren Namen getragen und dieser bedeute χρυσοῦν ἔδαφος. Champollion[56]) sprach die nahe liegende Ansicht aus, der Priester, welcher den Aristides belehrte, könne nur das koptische ⲕⲁϩⲓ ⲛ̀ⲛⲟⲩⲃ, das man vielleicht einfach ⲕⲁϩⲛⲟⲩⲃ ausgesprochen habe, gemeint haben, und dies bedeutet ja in der That χρυσοῦν ἔδαφος oder güldene Aue.

Aber diese Erklärung scheint aus dem Kopfe des erwähnten Priesters selbst gestammt zu haben, denn kein Denkmal gibt einem Orte, welcher für Kanobos gehalten werden darf, einen Namen, welcher auf die Bedeutung »güldene Aue« zurückgeführt werden könnte. Dem κάνωπος im griechischen Theile des Dekretes von Kanobos entspricht die Gruppe 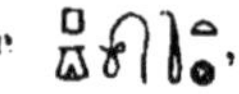, (demot. Pakutà) welche Brugsch, da er das anlautende p wol mit Recht für den mascul. Artikel hält, und es von der Wurzel trennt, Pi-Qauϑ liest.[57]) So würden denn die aus dem Todtenbuch (125, 17) bekannten Namen 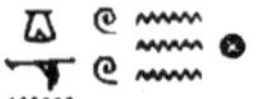 ḳauu  ḳauu oder auch das 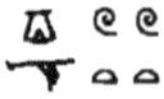 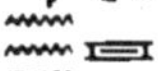 ḳautut des Pap. Harris oder das  ḳauti aus den Kämpfen des Horus zu Edfu[58]) dem 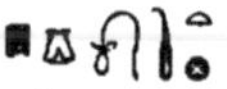 und Κάνωπος der Bilingue von Tanis (Dekret von Kanobos) entsprechen. Neben den erwähnten Gruppen kommt nun für Kanobos allerdings noch  vor. Dies ist ḳa nu pe zu lesen und entspricht also dem griechischen Κάνωπος ganz und gar; aber Brugsch[59]) sieht auch hier das Rechte, wenn er es für die hieroglyphische Transcription eines griechischen Namens hält. Das  lehrt uns also nur, wie der bel-

56) F. Champollion L'Égypte sous les Pharaons II. S. 259.

57) Ist diese Auffassung richtig, so kann Dümichens Vermuthung (Geschichte S. 74) dass  gleich Kanopus sei nicht auf Annahme rechnen. Denn in dem ăa peḳ würde das p nothwendig als zur Wurzel gehörig zu betrachten sein. Brugsch, dict. geogr. S. 1165.

58) Naville, Myth. d'Horus. Pl. XXI, Z. 7.

59) Brugsch a. a. O. S. 720. 849.

lenische Name Κάνωπος oder Κάνωβος in später aegyptischer Schriftweise aussah; aber eben diese Schreibung enthält einen Protest gegen die durch Aristides bekannt gewordene Etymologie, da sie weder auf ⲕⲁϩⲓ terra, pulvis, noch auf ⲛⲟⲩⲃ aurum auch nur von fern anspielt. Welcher Umstand oder welche Namensähnlichkeit die Griechen veranlasst hat, das Grab des Steuermannes Kanobos gerade nach Kanobos zu verlegen ist schwer zu sagen; jedenfalls ist später — und zwar durch sie — der Name des Piloten auch unter den Aegyptern für denjenigen der Stadt acceptirt worden. Es hat in derselben bis in später Zeit ein Serapistempel von grosser Bedeutung gestanden. Der Geograph Cl. Ptolemäus soll die Pylonen desselben als Sternwarten benutzt haben,[60]) und es ist ja bekannt, dass Hadrian unter den Nachbildungen anderer berühmter Lokalitäten, welche ihm auf seinen Reisen besonders imponirt hatten, in seiner Villa zu Tibur auch ein »Canopus« genanntes Bauwerk herstellen liess. Es scheint als habe das Heiligthum von Kanobos später Veranlassung gegeben auch andere Serapistempel Kanobos zu nennen. — Da der Serapiscult mit der Unterwelt und dem Leben im Jenseits eng zusammenhing, müssen bei demselben unsere vier Lichtgeister nothwendig eine Rolle gespielt haben, und die Krüge, durch welche man dieselben zur Anschauung brachte, scheinen den Griechen besonders ins Auge gefallen zu sein. Später wählte die Stadt sogar einen Krug oder wohl auch die Ȧmseθ-Kanope mit dem Menschenkopfe als Münzzeichen. Eine der Münzen unserer Stadt zeigt bei dem Kruge die Umschrift KANΩBITΩN.[61]) — Die Griechen haben auch eine Erklärung für die Verehrung von Urnen, welche einen Menschenkopf trugen, gefunden. Rufinus[62]) der so viel Wunderliches zu erzählen weiss, dass wir ihn nicht nur für einen naiven Nacherzähler unglaublicher Dinge, sondern gelegentlich auch für einen phantasiereichen Fabulanten halten müssen, theilt sie mit.

Die Chaldäer sollen mit ihrem Gotte, dem Feuer, herumgezogen

---

60) Olympiodor lässt ihn seine Beobachtungen machen ἐν τοῖς λεγομένοις πτεροῖς τοῦ κανώβου. Commentar zum Phaedon des Plato. Die Griechen (Strabo) nennen die Propylonen der aegypt. Tempel auch sonst πτεροί.

61) Vaillant. Hist. Ptolem. p. 205.

62) Histor. Eccles. II, 26. S. auch Suidas s. v. κάνωπος.

sein und die Götter aller anderen Länder zu einem Kampfe mit ihm herausgefordert haben. Der Sieger sollte von allen anderen als Gott Anerkennung finden. Dieser Herausforderung stellte sich ein listiger Priester von Kanobos. Er nahm einen der porösen Thonkrüge, welche noch heute in Aegypten so gut verfertigt werden, verstopfte die Poren, welche man als künstlich erweitert denken muss, mit Wachs, malte ihn bunt an, füllte ihn mit Wasser und setzte ihm einen Kopf auf, welcher einem Bilde des Steuermannes des Menelaos angehört haben sollte. — Diesen Krug gab er für seinen Gott aus und stellte ihn als die Chaldäer kamen, über das Feuer derselben. Natürlich schmolz das Wachs, das Wasser rann aus den Löchern in die Flammen und verlöschte sie. Kanopus hatte durch die List des Priesters den Gott der Chaldäer besiegt. Seitdem, sagt Rufinus, werde das Bild des »Canopus« mit kleinen Füssen, zusammengeschrumpftem Halse und aufgedunsenem Bauche, welcher, wie auch der Rücken, die Rundung eines Kruges habe, gebildet. Diese gut ersonnene Geschichte sammt dem Zusatze, dass auf den Krug das Haupt des Steuermannes des Menelaos gesetzt worden sei, kann aus früher griechisch-aegyptischer Zeit stammen. Bei der folgenden Beschreibung des Gottes Kanopus scheint Rufinus die krugförmigen Lichtgeistergestalten mit den Pygmäenfiguren des Ptaḥ Sokari zu verwechseln.

Wenn wir Krüge mit Menschen- oder Thierköpfen Kanopen oder die vier ersten Lichtgeister Kanopengötter nennen, so thun wir es also nicht auf Grund aegyptischer Bezeichnungen, sondern indem wir der nun einmal angenommenen Benennungsweise der Griechen folgen. Die Kanopenkrüge mit Deckeln in Gestalt eines Menschen, Affen, Schakals und Sperberkopfes stellen die vier ersten Lichtgeister dar. Das geht aus den Texten, welche sich an der Vorderseite der einzelnen Krüge zu finden pflegen, sicher hervor. Die folgende Tabelle soll das über die Kanopengötter Bekannte übersichtlich zusammenfassen.

Die vier Horussöhne. Die vier ersten Lichtgeister.

1.	2.	3.	4.
 àmseθ	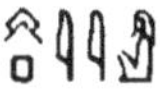 hāpi	 ṭuamet-f	 qebh-senu-f
Menschenköpfig.	Affenköpfig.	Schakalköpfig.	Sperberköpfig.
 ka	 àb	 ba	 sah [63])
Magen und grosse Eingeweide. ?	Kleine Eingeweide. ?	Lunge und Herz. ?	Leber und Galle. ?
Isis.	Nephthys.	Neith.	Selq.
Südwind.	Nordwind.	Ost- od. Westwind.	West- od. Ostwind.
Süden.	Norden.	Osten oder Westen.	Westen oder Osten.
Geist von … pe. (auch … pe und tep).	Geist von … pe. (auch …).	Geist von … χen oder χenen.	Geist von … χen oder χenen.
Lässt wachsen das Haus und gibt der Bildsäule Bestand.	Überliefert die Köpfe der Widersacher, betet an die Schönheit der Osiris, [64]) streckt aus seine Arme nach Osiris.	Hält zusammen Knochen und Fleisch.	Verheisst den Triumph und die Verklärung des Leibes.

Alle vier werden  d. i. grosse königliche Hauptgötter genannt.

Söhne des Horus (oder noch häufiger des Osiris) und der Isis.
Vier Diener des Horus. Anwälte bei'm Todtengericht.
Vier Vögel, welche als Herolde ausfliegen.
Gestirne bei'm Stierschenkel des nördlichen Himmels.
Vier Elemente. Eponyme Gottheiten von Monatstagen.

63) Es treten hierzu noch manchmal χat oder t'et Leib und χaibt Schatten. Gewöhnlich ist die Vierzahl, welche der der Kanopen und Elemente entspricht.

64) Der Affenköpfige steht der Anbetung vor. Den Affen, wir erinnern an das 126. Kapitel des Todtenbuches und die Vignette dazu, wird oft die Rolle des Anbetens übertragen. Die hier aufgezählten Funktionen wechseln. Wir geben sie nach unserem Sarge.

Den Längenmassen auf Ellen vorstehend.

Priester, welche den Schrein der Hathor tragen.

Als krugförmige Kanopengötter um den Sarg gestellt.

Von Rā eingesetzt zum Schutze der Osiris, d. h. des Verstorbenen.

In Mumiengestalt mit Menschen, Affen, Schakal und Sperberkopf oder auch nur als menschenköpfige Mumiengestalten[65]) auf den Sarkophagen von Stein und Holz.

Gemalt (sitzend oder stehend) an den vier Ecken der Grabkammer.[66]) Wachsfiguren bei Mumien.

Im Todtenb. Kap. 27 werden sie angerufen, um den Verstorbenen davor zu bewahren, dass ihm sein Herz genommen wird. Die Vignette zeigt den Osiris N. N. mit seinem Herzen in der Hand vor den vier Kanopengöttern. Ihre Bilder werden angerufen 148, 35 und 36. Ihr Vater ist Horus, ihre Mutter Isis 112, 6. Sie werden genannt 99, 18. 141, 9. 142 Z. 2—4 unten.

Vorderstück C, rechts. Abth. 1. An der Spitze der 14 Textzeilen dieses Abschnittes stehen die mumienförmigen Gestalten des Āmseϑ und Ṭuamet-f, jede mit dem Scepter in der Hand. Die Namen sind in die für sie vorbereiteten Schilder nicht eingeschnitten worden.

1. Es spricht Āmseϑ: Ich bin Dein Sohn 2. o Osiris Ḥatbastru, Sohn des Pe = 3. ϑef (schen?). Ich bin zu Dir gekommen und stehe zu Deinem Schutze bereit. 4. Ich gebe Gedeihen Deinem Hause Tag für Tag bleibend 5. in Deiner Wohnung, Bestand habend in Deinem Sanctuarium und es erfrische 6. sich ewiglich Osiris Ḥatbastru.

7. Er spricht Ṭuamet-f. Ich bin Dein Sohn 8. o Osiris Ḥatbastru, triumphirender.[67]) 9. Ich bin gekommen

65) Z. B. auf dem grossen Sarkophag des Museo civico zu Bologna. Herausgegeben von G. Szedlo. Bologna. 1876. Taf. 1, 7, 8, 9, 10, wo sie so folgen: Āmseϑ, Ṭuamet-f, Ḥāpi, Qebḥsenuf. Taf. III, stehen sie in der gewöhnlichen Folge. Ebendaselbst Nr. 7 wird Āmseϑ  Āmseϑi geschrieben.

66) Deveria. Im Pierret'schen Texte zum Papyr. Nebqeṭ p. 6.

67) Maā χer. Ich folge hier der Brugsch' und v. Bergmann'schen Über-

und stehe zu Deinem Schutze bereit. 10. Ich vereinige für Dich Deine Knochen 11. und ziehe zusammen für Dich Deine Muskeln und Glieder.[68]) 12. Nicht lass' ich Dir (nehmen)[69]) Dein Antlitz und Dein Herz 13. ewiglich. O Osiris 14. Ḥaṭbastru, triumphirender.

Vorderstück B, links Abth. 1. An der Spitze des Abschnittes Ḥāpi und Qebḥsenu-f in Mumiengestalt mit dem Scepter  in den Händen.

1. Es spricht Ḥāpi. O Ḥaṭbastru 2. Kind der Tašaχepr, Ich bin gekommen 3. um Dir Schutz zu gewähren. Ich reiche 4. (Dir) dar die Köpfe Deines Widersachers, den ich gebunden 5. habe.(?) Ich bete an Deine Schönheit. 6. Ich strecke aus Deine Arme 7. nach dem Horizonte des Himmels.

8. Es spricht Qebḥsenu-f. O Osiris Ḥaṭbastru. 9. Sohn des Peϑef (šen?) Ich bin Dein Sohn, den Du liebst. 10. Ich bin gekommen um Dir Schutz zu gewähren. Wenn der Schutz verliehen worden ist 11. so lass Deinen Mund[70]) nicht still stehen, denn Du sprichst das Rechte, 12. und es wird Dir verliehen was recht ist zu Deinem Schutze. Es wird 13. von ihnen Verklärung verliehen Deinem Leibe ewiglich.

All diese Texte sind niemals zum Kanon geworden, denn in anderen Stücken fallen den Kanopengöttern oder Todtengenien ganz andere Funktionen zu. Während z. B. in dem guten alten thebaischen Texte des Pariser Papyrus Nebqeṭ Qebḥsenu-f die Knochen

---

setzung dieser Gruppe, da die Grundbedeutung derselben, an der ich sonst festhalte, in der That etwas Kriegerisches gewonnen hat. Eine besondere Abhandlung über das mašχer bereite ich für eine andere Stelle vor.

68) Todtenb. 138, 4. 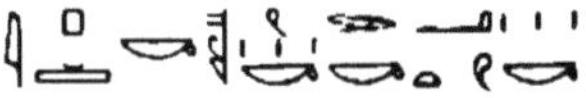

69) Hier wol 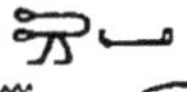 zu ergänzen. Ich erinnere an Todtenbuch 28, Oberschr.  Kap. 28, 1 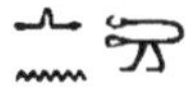
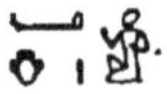.

70)  epon könnte auch ein reflexiver Dativ zu 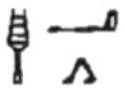 sein.

und Glieder vereint, fällt diese Aufgabe auf unserem Sarkophag dem Ṭuamet-f zu u. s. f.

Vorderstück C, rechts Abth. 2. An der Spitze des Abschnittes zwei bärtige Göttergestalten, welche in der Linken das Scepter, in der Rechten das  halten. Die Überschrift ist nicht in die für sie ausgesparten Flächen eingeschrieben worden, aber der Text lehrt dass sie den  Seb oder Qeb.[71]) welcher hier zu den Lichtgeistern gerechnet wird, und den  ḥeq, den wir aus unserer Liste S. 222, Nr. 7 kennen, darstellen.

Z. 1. Es spricht Seb. 2. O Osiris Ḥaṭbastru, Sohn der Hausfrau 3. Tašaχepr. Ich öffne Dir Deine 4. beiden Augen, damit Du nicht blind seiest. Ich breite Dir auseinander 5. Deine beiden Beine, welche umwickelt waren.[72]) Ich gebe 6. Dir Dein Herz, (das Herz) Deiner Mutter,[73]) das Herz für 7. Deinen Leib, dass er lebe ewiglich.

8. Es spricht Ḥeq. O Osiris Ḥaṭbastru [74]) 9. Ich komme und bin in Mitten Deiner 10. Barke, und ich zähle Dich unter die Götter. 11. Wenn Du auferstanden bist, sehen Deine Augen den grossen Gott 12. und die Reinheit dessen, welcher verbunden (versehen) ist mit seinen Strahlen.[75])

71) Auch auf dem grossen Sarkophag des museo civico zu Bologna ed. Czedlo Taf. III, Nr. 12 folgt den vier Kanopengöttern und dem Anubis der Gott Seb, welcher dort 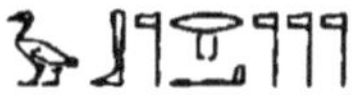 Seb, der Fürst der Götter, genannt wird und dem dieselben Funktionen zukommen wie auf unserem Sarge.

72) Todtenb. 26, 3 und 4   etc.

73) Todtenb. 30, 4.

74) Hier nur  geschrieben; ohne ı ı ı.

75) 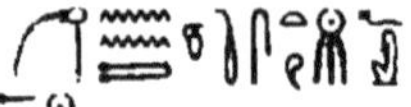. ϱ hinter  scheint für @ verschrieben zu sein.  kommt öfter, z. B. in Edfu und Dendera bei der eponymischen Benennung des 25. Monatstages vor. Das  am Ende scheint auf einen Eigen- oder Beinamen zu deuten; doch kann sich unsere Gruppe auch als Epitheton ornans auf neter aā beziehen.

Auch im Todtenbuch 126, 4 ist es Seb, welcher den blind gewordenen Augen des Verstorbenen die Sehkraft und seinen umwickelten Gliedern die Beweglichkeit zurückgibt.

Vorderstück B, links, Abth. 2.

Dem Texte voran gehen die beiden Lichtgeister  χer baq-f und  (für ). Beide sind menschenköpfig und tragen in der rechten Hand das Scepter und in der linken das ☥.

1. Es spricht χer baq-f: 2. O Osiris Ḥaṭbastru Sohn des Peṫef (ṡen).[76]) 3. Ich komme vom Himmel auf Befehl des Rā 4. wie ein Sohn des heimischen Gottes alle Tage. Ich bereite Dir Schutz vor 5. allen. Ich (beschenke?) mit Leben Deinen Namen und 6. Erhaltung ist beschieden Deiner Gestalt ewiglich.[77])

7. Es spricht Ȧrneft'esf: O Ḥaṭbastru. 8. Ich bin gekommen, um Dir Schutz zu gewähren. Ich vernichte 9. alles Üble, das sich an 10. Deinen Gliedern befindet. Ich erweise mich thätig auf Befehl 11. des grossen Gottes, des Herrn der Ewigkeit, um 12. aufzurichten Dein Herz für immer. O Osiris 13. Ḥaṭbastru, triumphirender.

Vorderstück C, rechts, Abth. 3.

An der Spitze des Textes steht der menschenköpfige Lichtgeist Ȧrmäua mit dem Scepter in der linken und dem ☥ in der rechten Hand.

1. Es spricht Ȧrmäua. 2. O Osiris Ḥaṭbastru[78]) 3. triumphirender. Ich komme zu Dir auf 4. göttlichen Befehl, und

76) Das □ am Anfang des Namens 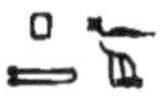 ist nicht ausgeführt worden, aber wol nur aus Versehen.

77) Z. 5 muss doch wol verbessert werden. Statt  schlage ich vor . Dem Gedanken Z. 6 entspricht Todtenb. 89, 7. 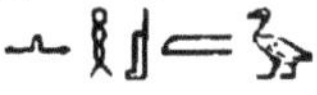 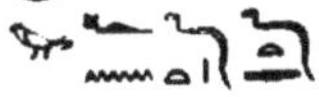 Nicht wird er zunichte an der Gestalt ewiglich.

78) Hier ist der Name  so ausgeschrieben.

da bin ich und handle 5. als Dein leiblicher Sohn.[79]) Und wenn Du dort aufstehst als 6. ein Lebender zu jeder Zeit 7. und unter den Gewaltigen Tag für Tag, so ist es Dir gestattet, 8. dass Du anlegst Deinen Schmuck unter den Hauptgöttern 9. und wenn Du dann dastehst in 10. Reinheit, gross durch die Balsamirung, 11. gibt es Libation und Räucherung für Deinen Genius 12. alle Tage ewiglich. O Osiris Ḥaṭbastru.[80])

Vorderstück B, links, Abth. 3.

Dem Text voran geht der Lichtgeist 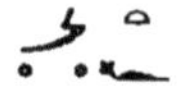 Matef (var.  ma tef-f). Er hält in der Rechten das Scepter, in der Linken das .

1. Es spricht Matef: O Osiris 2. Ḥaṭbastru, triumphirender. Ich begrüsse 3. Dich. Ich bin da 4. um Dich zu beschützen, Du, der Du lebest neu 5. und verjungt wie Rā 6. alle Tage, der Du eingereiht[81]) bist unter 7. die Götter der weissen Mauer. Du trittst ein 8. als Sperber, 9. Du gehst aus als Phönix,[82]) 10. und Du durchwandelst[83]) das Immerdar als 11. Neḥebka Schlange. 12. O Osiris Ḥaṭbastru, 13. triumphirender, Sohn des Peṫef (schen?), des triumphirenden.

Dieser Abschnitt schliesst sich eng an gewisse Texte des Todtenbuches, ja er gibt einige unter den sogenannten Verwandlungskapiteln (vom 76. an) in nuce wieder, besonders das 77. und 78. 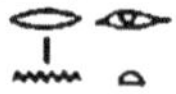

79) Der Lichtgeist ist als Sohn des Osiris (oder Horus) auch der des Verstorbenen (Osiris).

80) Hier  Ḥaṭbastru.

81)  doch wol nur wie auch sonst für ,  etc.

82) Hier  bu. Die reine Wurzel, deren Vocalisation fraglich ist.

83) Das  kann hier wol auch »zuzählen« bedeuten. cencen numerare, computare, colligere, Brugsch Wörterb. S. 1140. Dann: Den sich zuzählt der Herr des Immerdar als etc.

 Kapitel vom Annehmen die Gestalt eines goldenen Sperbers, und (78) 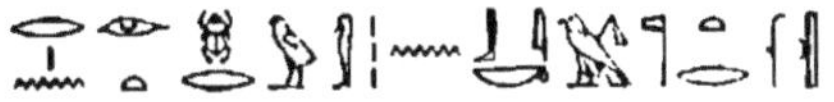 Kapitel vom Annehmen die Gestalt eines kräftigen Sperbers. Ebenso wird das 83. Kap. berücksichtigt: 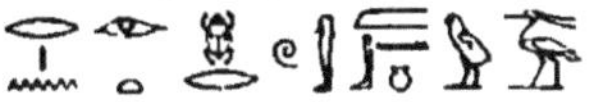 Kapitel vom sich verwandeln in den Bennuvogel (Phönix). Kap. 122, 5 heisst es, ähnlich wie in unserem Texte:   Er geht hinein als Sperber und tritt heraus als Phönix.[84]) Im 87. Kap. wird von der Verwandlung in eine Schlange gesprochen, aber nicht, wie auf unserem Sarkophag in die Neḥebka-, sondern in die  Sataschlange. In diesem Kap. Z. 2 heisst es, ähnlich wie in unserem Abschnitte Z. 5 und 6:  Ich werde geboren, ich erneuere und verjünge mich alle Tage. Übrigens wird auch im Todtenbuche der Verstorbene der Neḥebkaschlange gleich gesetzt und diese wieder dem Gatten der Nut, d. i. Seb, denn Kap. 149, 42 sagt der Dahingegangene (Osiris) von sich selbst aus:  Ich bin der Gatte der Nut, die Neḥebkaschlange. Diese gehört an die Spitze der guten, heilbringenden Schlangen, welche, indem sie sich immer selbst erneuern als nicht alternd und ewig lebend betrachtet werden.[85]) Der Herr

---

84) Über die lunare Bedeutung des Phönix hat Brugsch jüngst interessante Aufschlüsse gegeben. Thesaurus inscriptionum aegyptiacarum. Abth. II. S. 327. Als Neumond im Mondmonat des Frühlingsanfangs stellt der Benno (Phönix) die Auferstehung des Osiris dar. Die entscheidende Stelle ist dem Tempel von Dendera entnommen (Mariette Dend. IV. 77) und lautet: 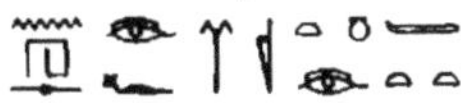 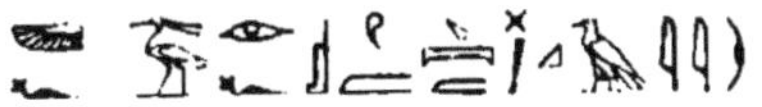 Er (Osiris Lunus) erwacht aus dem Schlafe. Er schwingt sich empor als Bennu (Phönix). Er nimmt ein seine Stelle am Himmel als wiedererneuter Mond. — Über die solare Bedeutung des Benno A. Wiedemann, Zeitschr. 1878. S. 89.

85) Plutarch. Is. und Osiris ed. Parthey, 74. Ἀσπίδα δὲ ὡς ἀγήρῳ καὶ χρωμένην κινήσεσιν ἀνοργάνοις μετ' εὐπετείας καὶ ὑγρότητος ἄστρῳ προσείκασαν·

des Immerdar , d. h. der Zeit ohne Ende, welches dem  d. i. dem metaphysischen Begriff der Ewigkeit gegenüberstehl, gesellt sich den Verstorbenen als Nehebkaschlange, d. h. als seinesgleichen zu. Darum heisst es auch Todtenb. 17, 61   Unzerstörbar ist er auf immer gleich der Neḥebkaschlange. Nach Todtenbuch 149, 3 trägt sie die Krone des Tum, des Uranfänglichen. In Herakleopolis wurde sie in einem eigenen Tempel verehrt.

Den Lichtgeistern folgen nun die beiden andern Anubisgestalten, von denen wir oben geredet haben.

Vorderstück C, Abth. 4, rechts schreitet Anubis in seiner göttlichen Halle, schakalköpfig mit dem Scepter in der linken und dem  in der rechten Hand dem Texte voran.

1. Es spricht Anubis in der göttlichen Halle. 2. O Osiris Ḥaṭbastru 3. triumphirender. Ich bin zu Dir gekommen und stehe 4. zu Deinem Schutze bereit. Ich mache gesund Dein 5. Fleisch Ich bringe für Dich in Ordnung Deine Glieder 6. und ich füge für Dich zusammen Deine Knochen. 7. Ich recke für Dich aus Deine Gefässe (Nerven und Adern) und ich strecke 8. für Dich aus Deine Muskeln. Ich verleihe Dir 9. dass Du bist wie ein Gott 10. welcher

---

Die Schlange aber, welche nicht altern soll, und ohne Glieder leichthingleitend sich bewegt, vergleichen sie dem Sterne. Dies ist richtig, denn wie Seb, der Gatte der Nut, dem die Neḥebkaschlange gleichgesetzt wird, heisst auch der Stern ★ — seb. Nach Horapollo ed. Leemans. I, 1 und 2 bedeutet die Schlange welche den Schwanz mit dem übrigen Körper bedeckt, die schrankenlose, ewige Zeit αἰῶνα. Seb ist den Griechen Kronos und wird von Lepsius, Chronol. I. V. 91 für die Sternenzeit gehalten. Gewöhnlich ist er der Erdgott. Die Materie ist den Aegyptern ewig, und so wird auch in 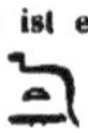 das Bild der Schlange und Erde benutzt, um den Begriff der Ewigkeit zur Anschauung zu bringen. Das grosse Todtenfest in Theben ist nach unserer, ein ewiges Leben symbolisirenden Schlange benannt worden. Ihr Name bedeutet »Anschirren des Stieres«, doch wohl mit Bezug auf die erneute Thätigkeit der Natur, welche gleichsam durch den ersten Schnitt des Pfluges in den Acker inaugurirt wird. Vielleicht ist das Neḥebkafest nicht nach ihr, sondern sie nach ihm benannt worden.

ewiglich lebt und beständige Dauer besitzt 11. im Hause des Herren der weissen Krone.

Vorderstück B, links, Abth. 4. Anubis, der sich oben auf seinem Berge befindet (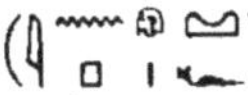) schakalköpfig mit dem Scepter in der rechten und dem ☥ in der linken Hand geht dem Texte voran.

1. Es spricht Anubis, der sich oben auf seinem Berge befindet: O Osiris 2. Ḥaṭbastru triumphirender. 3. Ich bin gekommen und bin 4. zu Deinem Schutze bereit. Ich pflege gesund[86]) 5. Dein Fleisch und leite 6. Deine Muskeln. Ist die Aufrichtung erfolgt (wenn Du in Ordnung gebracht bist), 7. so erblickst Du die Glieder eines Gottes 8. und Du begibst Dich zu der reinen Stätte, 9. an der Du gerne verweilst. 10. Wenn Du das Gestell betreten hast Deines 11. heimischen Gottes, so 12. jubelt jeder Gott, welcher bei Dir ist.[87])

Osiris wird als derjenige bezeichnet, welcher auf der Spitze der Stufenleiter oder des Gestelles steht. Todtenb. 22, 2 heisst Osiris der Herr von Reset  derjenige, welcher sich oben auf der Stufenleiter befindet. Diese Stufenleiter bezieht sich vielleicht auf die gesammte Ordnung der Dinge. Zu Medinet-Habu bringen (beim Fest der Stufenleiter (χet)) die Stiegen derselben die Mondphasen zur Anschauung. Sonst stellt die Treppe auch nur das Piedestal und die Trage dar, auf welcher das Bild der Gottheit stand. Bei Processionen wurden diese Bilder entweder

86) 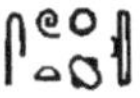 suteχ Pap. Ebers 44. 11 Pflegen, gesund pflegen, gewöhnlich 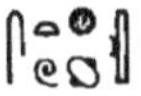 seluχ geschrieben. Man könnte auch an kneten und festkneten denken, die Causativform von , das bei knetenden Männern im Grabe des Θi steht. Brugsch, Wörterb. S. 167.

87) Bei der fortwährenden Verwechselung von  und  darf auch hier das  für  gehalten werden. Sonst müsste hier »in der Barke des Herrn« übersetzt werden. Aber dies »Herr« ohne Determinirung würde ungewöhnlich sein.

auf einem standartenartigen Gestell oder auf einem tragbaren Tische umhergeführt. Darum heisst es Todtenb. 128, 7—8 von dem Verstorbenen, der über seine Feinde gesiegt und vor dem Neungötterkreise triumphirt hat:   O Osiris, Du hast empfangen Dein Scepter; Dein Standartengestell und Deine Stufenleiter sind unter Dir. — Das heisst: Nachdem Du das Attribut der göttlichen Würde gewonnen hast, stehst Du wie ein Götterbild auf dem Standartengestell und der Stufenleiter. Osiris Ḥaṭbastru wird, nachdem er triumphirt und die Befähigung erlangt hat jede beliebige Gestalt anzunehmen auf den Platz seines heimischen Gottes gestellt,[88]) und die anderen Himmlischen, welche ihn dort erblicken, jubeln ihm zu. Der Gott hat gewissermassen sein Examen bestanden. Dies verlief im Orient von den ältesten Tagen an bis heute anders wie bei uns. Der Schüler oder Rechtskandidat wird unter die Lehrer oder Richter aufgenommen, sobald er es gewagt hat den Platz eines Lehrenden oder Richters einzunehmen und seine erste selbständige Leistung durch Zuruf gebilligt worden ist.[89]) Mit der Acclamation der Götter bei'm Anblick des triumphirenden Verstorbenen wird diesem zugleich die Aufnahme unter sie als einem der Ihren bewilligt.

Vorderstück C, rechts, Abth. 5 und Vorderstück B, links, Abth. 5 stehen die Göttinnen 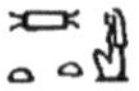 Net (Neith) und  einander gegenüber. Der Name, welcher bei'm Vorderstück C, rechts 5 über der dem Texte vorangehenden Göttin steht — sie hält das Scepter in der Linken und das  in der Rechten — könnte auch für den der Maā gehalten werden, doch gehören auf diesen Texten, wie

88) In der merkwürdigen Selbstapologie des Verstorbenen, wie sie auf den Bulaqer Särgen des Paneḥemisis und Ḥoremḥeb vorkommt sagt, der Verstorbene:  Es geschieht Dir Gutes in Deiner Stadt und Du hörst göttliche Lobpreisungen in Deinem Nomos. v. Bergmann a. a. O. S. 37. Es wird also dem Verstorbenen begegnet wie dem heimischen Gotte.

89) So steigen heute noch in der Universitätsmoschee el-Azhar zu Kairo die Lernenden zu den Lehrenden auf.

auch auf den Kanopen, nicht Maā und Selq sondern Neith und Selq regelmässig zusammen, und wir haben es hier also mit der Neith zu thun, zumal diese Göttin auch hier die ihr zukommende mütterliche Stellung einnimmt.

Der Text Vorderstück C, rechts, Abth. 5 lautet also:

1. Es spricht Neith: O Osiris 2. Ḥaṭbastru. Sei gegrüsst im 3. Gemach Deiner Mutter. Möge Licht spenden 4. Šu im Innern 5. Deines Sarges. Ich bin für Deinen Schutz thätig 6. so wie Rā, indem ich Schirm verleihe 7. gleich dem grossen Gotte. Es eröffnet Dir 8. āp-ua-t (Anubis der Wegeröffner) die Wege der Reinheit. 9. Vollgetrunken (⌓● teχ) ist Dein Ohr und Dein Vordertheil mit Rauchwerk 10. und Dein Hintertheil mit Reinigungssalz. Es bieten sich (Deinen) Blicken 11. dar die Götter auf ihrem Wege ewiglich.

Vorderseite B, links, Abth. 5. Selq mit dem Scepter in der Rechten und dem ☥ in der Linken.

1. Es spricht Selq. O Osiris 2. Ḥaṭbastru. Ich stehe zu Deinem 3. Schutze bereit. Ich gebe Odem 4. Deiner Nase und den Hauch des (Lebens), welcher hervor 5. geht von Tum. Ich 6. mache weit Deine Kehle, und wenn 7. die Verklärung vollbracht ist und die Vereinigung mit 8. dem Leben, siehst Du die 9. Schönheit der Sonnenscheibe und wie sich aufrichten 10. die Uräusschlangen, die lebenden 11. und Du machst Deine Rundfahrt an der Himmelshöhe alle Tage ewiglich.

Der Göttin Selq liegt es ob die erstarrte Kehle des Verstorbenen weit zu machen. Zu welchem Zwecke lehrt ein kleiner die Göttin  begleitender Text auf dem Sarkophags des Paneḫemisis,[90]) in dem es heisst 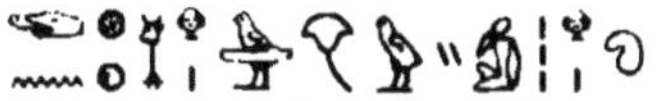 Ich öffne (sereq) Deine Kehle, um zu sprechen (uṭ) über Dich (in Bezug auf Dich — zu Deinen Gunsten). Bei der hohen Bedeutung, welche die Rede und das rechte Wort für den Verstorbenen in der Unter-

90) v. Bergmann a. a. O. S. 19, § 32

welt hat, musste einer Gottheit die Herstellung des Sprachorgans anvertraut werden.

Vorderstück C, rechts und B, links, Abschn. 6 finden sich Schlusssätze, an deren Spitze das Bild einer Gottheit fehlt. Der Verstorbene ist nun selbst Osiris und endlich auch Rā wird als solcher redend eingeführt.

Vorderstück C, rechts, Abth. 6.

1. Es spricht der Osiris Ḥat 2. bastru, Sohn des Peŝef (schen?), Kind 3. der Hausfrau Tašāχepr, der triumphirenden. 4. O Du Fresser seines Armes auf 5. seinem Wege. Ich bin Rā und trete hervor 6. aus dem Horizont gegen meinen Feind, für den es keine 7. Rettung gibt vor mir. Ich strecke aus 8. als Herr des Uräusdiadems die Hand 9. ich brauche frei meine Beine 10. und frei beweglich ist mein Arm. Ich lasse 11. den Feind der Wahrheit zu Boden stürzen unter 12. mich ewig und immer.

Die undeutlichsten Stellen dieses Abschnittes lassen sich nach dem Todtenbuche wiederherstellen. Zeile 4 muss es, und so haben wir denn auch den schwer lesbaren Text ergänzt, nach Todtenbuch 11, 1 heissen  etc. Überhaupt entspricht dieser Abschnitt im Ganzen dem 11. Kap. des Todtenbuches.[91]) Statt unseres  heisst es besser und verständlicher Todtenb. 11, 2   ich strecke aus meine Hand als Herr des Uräusdiadems. Das will sagen: Ich kann meine Hand mit königlicher Macht ausstrecken sobald ich mit dem Uräusdiadem gekrönt und dadurch eine göttliche Persönlichkeit geworden bin. »Der Fresser seines Armes auf seinem Wege« ist der Gott  χem. Dieser pflegt in aufgerichteter Stellung und ithyphall gebildet zu werden. Er trägt eine hohe Doppelfeder auf dem Kopfe und ein

91)  Kapitel Vom Hervortreten gegen seine Feinde aus der Unterwelt.

Schild auf der Brust. Sein Körper ist mumienförmig umwickelt und zwar so, dass der rechte Arm, über dem die Geissel schwebt, frei beweglich, sich wie der eines Säemannes erhebt, der linke aber von den Binden fest eingeschnürt ist. Diese ithyphalle Gottheit wird übrigens auch mit dem Monde in Verbindung gebracht und stellt die ewige Werdekraft dar, welche den Tod überlebt und der Natur wie der menschlichen Seele, welche dem Tode erlesen zu sein scheinen, zu neuem Leben verhilft.[92]) In dieser Auffassung wird χem wie Åmon, für den er überhaupt häufig eintritt, der Gemahl seiner Mutter genannt. D. h. er ist derjenige, welcher den beseelten Stoff, aus dem er selbst hervorgegangen ist, zu immerwährenden Neubildungen zwingt. Die nicht fortzuleugnende Starrheit des Todes, welche er in neue Beweglichkeit umwandelt, wird durch den in Binden eingeschnürten einen Arm symbolisirt. Auch des Verstorbenen Hand war regungslos, aber in Folge der Neugeburt und Apotheose wird die umwickelte Gestalt  mächtig gegen ihre Binden unter den Verklärten. Dann heisst es Todtenbuch 46, 2 weiter: und gegeben ist es mir nun, dass ich ausstrecke meine Hand.[93]) Todtenb. 17, 12 wird χem geradezu Horus, der Rächer seines Vaters Osiris, genannt, d. h. derjenige, welcher den scheinbar Verstorbenen seinen Feinden zum Trotz zu neuem Leben verhilft. Am mondlosen Tage ist Osiris-Lunus verstorben und in Starrheit verfallen. Bei'm Treppenfeste zu Medinet Habu ist es χem, welcher auch ihm zur Auferstehung verhilft.

Vorderstück B, links. Entsprechend dem Texte Vorderstück C, rechts enthält auch dieser nur Worte des Osiris gewordenen Ḥatbastru.

1. Es spricht Osiris Ḥatbastru. 2. Kind der (Haus)-herrin Tašaχeprau. Es ist mir 3. in Ordnung gebracht worden mein Hinterkopf im Himmel 4. und auf Erden[94])

---

92) Todtenb. 149, 3. 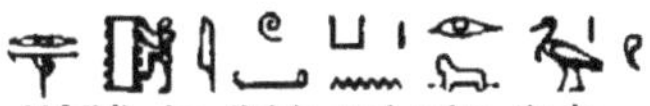 χem baut neu auf den Genius (oder das Abbild) des Osiris und seine Seele.

93) 

94) 

durch Rā, am Tage, an welchem 5. festgestellt wird die Stütze für denjenigen, welcher schwach ist 6. auf den Beinen und (an dem) man abschneidet 7. den Bart. Es ward erhoben 8. die Stütze (Standarte) durch Teḥuti und die Neunzahl 9. der Götter. Er ist reich 10. indem man ihm Opfergaben zuertheilt, 11. nicht[95]) begegnet Widerstand auf 12. Erden dem Osiris Ḥatbastru.

Dieser Abschnitt entspricht dem 50. Kap. des Todtenb. Statt des 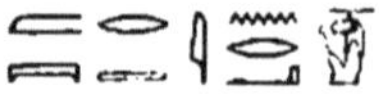 hat dieses  für 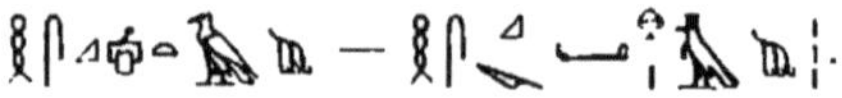. Die Gruppe  ist mir hier zum ersten Male begegnet. Vielleicht darf sie mit 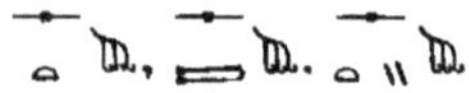 zusammen gebracht werden, was Brugsch Haar übersetzt. Haar muss hier freilich, wie schon das Determinativum  lehrt, gemeint sein, aber kaum das Haupt- sondern das Barthaar. Unser  sat oder sata ist doch wol mit  saṭ der Schwanz verwandt; den Bart als »Schwanz des Mundes« zu denken, lag nahe. In der Pianχi Stele Z. 5 heisst es: 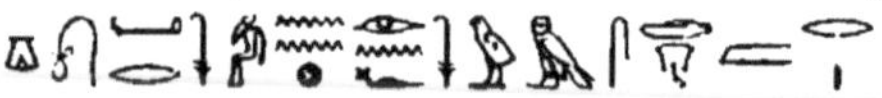 Er übt enge Einschliessung gegen Herakleopolis, und er hat es gemacht zum Bart an seinem Munde. Diese »Redensart« bedeutet anschaulich genug: Er hat es völlig abhängig von seinem Gutdünken gemacht. Brugsch, welcher  für Schwanz hält, übersetzt: »Ihr Schwanz ist in ihrem Rachen«. Wenn Osiris zu Dendera 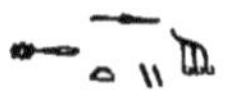 genannt wird, so heisst das nicht der »Haartragende«, sondern derjenige, welcher einen Bart trägt, der Bärtige, und die Osirisgestalten werden ja stets bärtig gebildet. Im Koptischen hat sich für ⲥⲓⲧ nur die Bedeutung »Schwanz« erhalten. Im Todtenbuche entspricht unserem  die Gruppe  und diese kann kaum etwas anderes be-

---

95) Hier ist sicher  einzufügen, da es an der entsprechenden Stelle des Todtenbuches 50, 3 heisst: 

deuten als das (Haar), welches sich am Antlitz befindet. Es ist hier also nicht, wie Pierret will, vom Abschneiden der Köpfe, sondern vom Scheeren des Bartes die Rede. Nach der Apotheose soll wol dem Osiris statt des unreinen irdischen ein göttlicher Bart wachsen. Es war überhaupt etwas Eigenes um die aegyptischen Bärte. Wo Pharaonen oder Götter mit solchen gebildet werden, haben sie ein befremdliches Ansehen. Sie können so nie und nimmer natürlich gewachsen, sondern müssen an das Kinn gesetzt worden sein. Schnurrbärte kommen nur in ganz früher Zeit vor. So auf den berühmten geschnitzten Brettern aus Saqqara, welche zu Bulaq conservirt werden. Der natürlich gewachsene Bart war eines der wesentlichsten Merkmale, durch welches die aegyptischen Künstler die Semiten von ihren Landsleuten unterschieden. Wer rein sein wollte, hatte für die Scheerung des Bartes zu sorgen. Aus dem weiteren Verlaufe des Textes des 50. Kapitels ersehen wir nur noch, — und dies ist schon in der Anmerkung angedeutet worden — dass in die sinnentstellende Lücke Zeile 11 über  ein  einzufügen ist.

Schulterstück E, rechts.

1. Es spricht der Osiris, der königliche Anverwandte Ḥatbastru. 2. Sei gegrüsst! Wenn Du aufgehst[96]) als Rā, so bist Du eine herrliche Gestalt. 3. Wenn Du hervortrittst am Horizont, erleuchtest Du die Welt mit Deinem Glanze. Ich bin zu Dir gesellt und schaue 4. Deine Schönheit. Gib Du, dass ich versehen werde mit Leben[97]) im Jenseits und neige Du Dich zu mir mit Deinem schönen Angesicht.

Derjenige, welchen der Verstorbene anredet, ist Rā.

---

96)  uben. Diese seltsame Schreibung der bekannten Gruppe hat uns schon bei der Bestimmung der Herstellungszeit unseres Sarkophages Dienste geleistet.  für  ist uns ausser in der Ptolemäerzeit nur noch in Texten von durchgängig änigmatischer Natur in den Königsgräbern begegnet.

97)  muss doch wol  gelesen werden. Sowohl der Sinn als auch die Complemente sprechen dafür.

Schulterstück D, links.

1. Es spricht Osiris Ḥaṭbastru. Sei gegrüsst. 2. Der da untergeht im Lande des Lebens, Tum, Vater der Götter; wenn Du Dich vereinst 3. mit Deiner Mutter im Lande des Lebens, gieb Du mir den 4. süssen Hauch des Lebens und dass ich schaue Deine Schönheit, ich Ḥaṭbastru.

Die Seitenstücke links und rechts gehören so zusammen, dass auf das Seitenstück F das Rückenstück H und diesem das Seitenstück G folgt. Diese Texte enthalten das 127. und 126. Kap. des Todtenbuches; das letztere in absonderlicher Ordnung und stellenweise recht corrumpirt.

Mit dem 127. Kap. beginnt auch die grosse Selbstapologie, welche in der Ptolemäerzeit als »Muster und Meisterstück« gegolten zu haben scheint.[98]) Sie kommt auf den Sarkophagen des Hor em ḥeb zu Bulaq und dem des Paneḥemisis zu Wien vor, welche beide unter den Lagiden hergestellt worden sind.[99]) Leider enthält diese Composition von den 12 Zeilen des 127. Kap. nur 6, aber diese leisten bei der Herstellung und Übersetzung unseres Textes gute Dienste. Die interessante Selbstapologie findet sich nicht auf dem Leipziger Sarkophage.

Seitenstück F, links. 127. Kap. des Todtenbuches.[100])

1. Es spricht der königliche Anverwandte Ḥaṭbastru, Sohn des würdig Befundenen bei dem grossen Gotte Peđef (schen?), Kind der Herrin des Hauses, welche würdig befunden ist bei den Göttern, Tašāχepr der triumphirenden:

---

98) v. Bergmann. Sarkophag des Paneḥemisis. S. 25.

99) v. Bergmann. Sitzungsberichte d. k. k. Akad. der Wissenschaften zu Wien 1876. Bd. 82. S. 71. Später mit Vergleichung des Bulaqer Ḥor em ḥeb-Sarkophages noch ein Mal weit vorzüglicher publicirt und übersetzt in dem oben angeführten Werke.

100) Die Überschrift dieses Kapitels fehlt auf dem Sarkophage. Sie lautet:

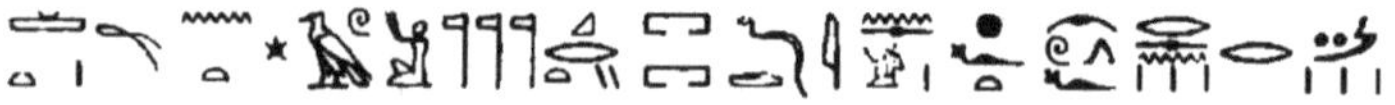

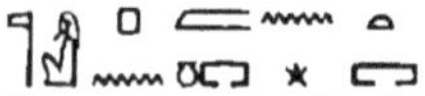 Das Buch vom Lobpreisen der Götter der beiden Qerti. Zu sprechen von der Person (für welche der Papyrus bestimmt ist) wenn sie zu ihnen gelangt ist, um diesen Gott in der Unterwelt zu sehen.

Seid gegrüsst Ihr Götter der beiden Sphären, welche in der Unterwelt sind.[101]) Seid gegrüsst Ihr Wächter der Thore, 2. der Unterwelt, die Ihr beschützt (Todtenb.)[102]) diesen Gott und heraufbringet die Botschaft vor Osiris. Gebet[103]) Euere Lobpreisungen und vernichtet die Feinde des Peδef (δeben?).[104]) Verbreitet Licht und zerstreuet[105]) die Finsterniss, dass Ihr schauet die Herrlichkeit 3. Eueres Fürsten.[106]) Ihr lebet, so wie er lebt, Ihr rufet an denjenigen, welcher in seiner Sonnenscheibe weilt. Führet auch mich auf Eueren Weg,[107]) damit meine Seele eingehe in Euer geheimniss-

---

101) Todtenb. 127. 1

102) Panehemisis:

göttl. Wächter, grosse Fürsten, die heraufbringen die Meldung.

103) Statt sollte in unserem Texte stehen. Das Todtenb. hat , Panehemisis ebenso: sepet tu Haltet Euch gerüstet (zu preisen).

104) Hier steht merkwürdiger und interessanter Weise der Name des Peδef (δeu?), d. h. des Vaters der Verstorbenen, welcher vor diesem Eins mit Rā geworden ist für Rā. Das Todtenb. hat an Stelle von Panehemisis d. h. des Rā.

105) Todtenb.: χer sekten. Es muss also in unserem Texte statt — heissen. Panehemisis hat: Erleuchtet die Wege, und dann zerstreuet. šera ist ϣωϥ diripere, auferre. Brugsch weist auch auf ϣολc praeda.

106) Das Todtenbuch hat , Panehemisis die Herrlichkeiten des Osiris, dieses Eueres Fürsten, gleich einem Könige.

107) Todtenbuch . Darnach das unseres Textes in zu verwandeln.

volles Land.[109]) (Ich bin Einer von Euch.)[109]) Ich schlage Wunden[110]) der Apepschlange;[111]) ihr aber zerstöret[112]) das Böse in 4. der Unterwelt. Dein Wort ist das rechte[113]) gegen Deine Feinde, grosser Gott, der in seiner Sonnenscheibe weilt.[114]) Du sprichst das rechte Wort (Du triumphirst) gegen Deine Feinde, o Osiris, der Du weilest im Westen. Es ist Dein Wort.

Rückenstück H. 1. das rechte (Du triumphirst) gegen Deine Feinde, im Himmel und auf Erden, o Osiris Ḥaṭbastru im Süden, Norden, Westen und Osten. Ich bin ein Diener[115]) des Osiris, des grossen Gottes in der Unterwelt,[116]) welcher Lohn ertheilt demjenigen, welcher vor ihm steht im Thale.[117])

108) Todtenbuch . Panehemisis 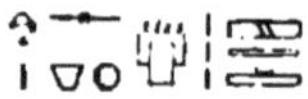 in die verborgenen Thore.

109) Todtenbuch , Panehemisis 

110) Todtenbuch uṭá 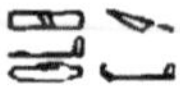, Panehemisis 
 zu schlagen Wunden der (Apepschlange).

111) Die dem Râ feindliche grosse typhonische Schlange.

112) Todtenbuch, die Causativform . Panehemisis
 um unschädlich zu machen den Platz der Vergeltung der (für die) Grossen der Unterwelt. Den Platz der Vergeltung fasst v. Bergmann richtig für die Stätte der höllischen Strafen.

113) Auch im Todtenbuch spricht der Verstorbene in der 2. Person. Bei Panehemisis thut er's in der ersten .

114) Panehemisis: Ich triumphire  vor dem grossen Gott etc.

115) Panehemisis 

116) Panehemisis  des Herren von Abydos.

117) Todtenbuch . Panehemisis .

Er triumphirt unter den Hauptgöttern.[118]) Als grosser Gott triumphirt er in der Unterwelt 2. gleichwie die aufgehenden Gestirne.[119]) Nicht (fällt anheim)[120]) seine Seele dem Fresser der Leiber der verdammten Todten. Die Aufsteigenden sind im Verderben.[121]) Wir sind bewahrt vor der Vernichtung. Es triumphiren[122]) die Seelen[123]) aller edlen Verklärten, die Diener von Tafeser, an der Stätte des Lebens für alle Seelen.[124]) 3. Du, der Du demjenigen gleichst, welchen Râ lobpreist.[125]) Du, der Du demjenigen

---

118) Todtenbuch 
Panehemisis 

119) Todtenbuch  Panehemisis 

120) Hier hat unser Text  wo das Todtenbuch und Panehemisis 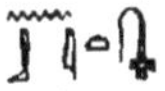 haben. Es heisst also in diesen beiden Texten: Es speit Feuer seine Seele gegen etc.

121) Todtenbuch 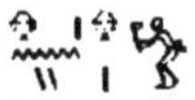 Panehemisis  Rougé, hier. Todtenb.  etc. Die Bedeutung des ḥer niḥer haben v. Bergmann und Brugsch (Wörterb.) richtig erkannt. Auf unserem Sarkophag ist zu ergänzen  Panehemisis hat hier:  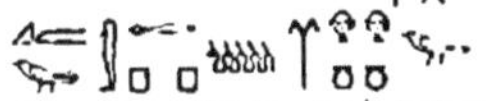 Es kommt jeder (wie v. Bergmann passend hinzufügt »ohne Hinderniss«) indem ich vernichte die Apepschlange mit Verderben.

122) Hinter  vielleicht  zu ergänzen. Das Todtenbuch hat 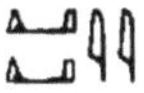 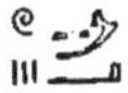, Panehemisis  indem sie Triumph gewähren den Seelen aller vortrefflichen Verklärten.

123) Auf unserem Sarkophag fälschlich  für . Wunderlich ist die Schreibung von menχ.

124) Panehemisis 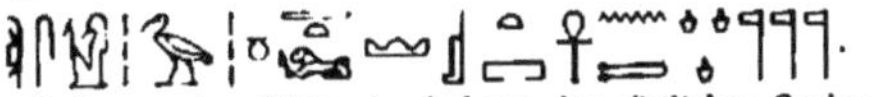. Die vollkommenen Diener von Tat'eser, der Stätte des Lebens der göttlichen Seelen. — Hier hört leider der Sarkophag des Panehemisis auf Dienste zu leisten.

125) Unser Text ist in dieser Zeile corrumpirt. Statt des 

gleichst, welchen Osiris lobpreist, geleite den Osiris Ḥat-bastru. Erschliesset[126]) die Thore (der Unterwelt)[127], öffnet[128]) seinen Qert (seine Sphäre)[129]) für ihn, lasset sein Wort das rechte sein gegen seine Feinde. Da reicht man dar die Speise der Unterweltsbewohner und macht schön zurecht 4. ihm seinen heiligen Kopfschmuck, welcher zukommt dem Gotte, der in der Wohnung der Verborgenheit weilt. Siehe eine Nilschwelle von der rechten Art ist die Seele[130]) eines Verklärten. Wohlthätig und gewaltig ist sie an ihren Händen. Es sagen die beiden Reḥeḥ:[131]) Sehr gross[132])

---

und  haben andere Texte und auch das Turiner Todtenbuch das hier zu erwartende 

126) Die erste Pers. Plur. scheint hier irrthümlich zu stehen und muss in die zweite verwandelt werden. Das Turiner Todtenbuch, das von Rougé edirte hieratische etc. haben statt  vielmehr 

127) Nach anderen Papyrus ergänzt. Das Turiner Todtenbuch hat  

128) Nach allen mir zu Gebote stehenden Handschriften muss statt des sinnlosen  —  gelesen werden.

129) Statt des üblichen 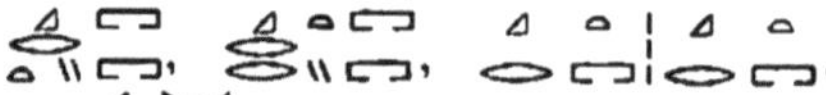 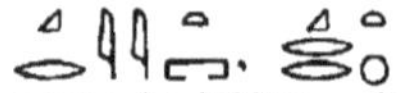 steht hier . Wir schliessen uns an Navilles geistreiche Erklärung dieser Gruppe an. La Litanie du soleil. Leipzig 1875. S. 15 und 16. Von den 75 Formen des Rā hat jede ihren qert, in den sie eintreten und verweilen, und den sie verlassen kann. Qert ist Höhle und Hölle zugleich für die Geister, und man darf es wol mit den Zonen oder Sphären der Alexandriner vergleichen. M. s. a. Ebers, Das Alte in Kairo etc. S. 23. Die Kopfstütze ist ein ebenso passendes Determinativum für diese Ruhe- und Rückzugsstätte der Geister und Götter wie  und .

130) Statt  steht wieder irrthümlich .

131) Unser Text hat , das Todtenbuch  . Die Lesung reḥeḥui ist hier wol die richtige; die bärtigen Determinativzeichen sprechen dafür. Ed. Meyer hat in seinem Seth-Typhon erwiesen, dass wenn die Reḥeḥui auch gewöhnlich die feindlichen Brüder Horus und Seth sind, reḥeḥ doch auch im allgemeinen einen Zwilling bedeutet. Auch Isis und Nephthy

ist der Osiris Ḥaṭbastru. Sie sind entzückt 5. über ihn. Sie lobpreisen[133]) ihn mit ihren beiden Händen. Sie reichen ihm das Ihre (was ihnen zu geben zukommt oder auch ihren Schutz).[134]) Nun lebt er, und es tritt der Osiris Ḥaṭbastru dort feierlich hervor[135]) als lebende Seele des Rā (am Himmel). So wie es dort für ihn vorgeschrieben ist.[136]) verwandelt er seine Gestalt. Er triumphirt unter den Hauptgöttern. Er schreitet fort aus dem Lande der Tiefe so wie die Seele des Rā.[137]) — Der Osiris 6. Ḥaṭbastru der triumphirende, der sehr fromme,[138]) er spricht. Offen steht mir das Thor[139]) des Himmels, der Erde, der Tiefe, und befriedigt ist darob die Seele des Osiris. Wenn ich ihr Haus durchschreite, lobpreisen[140]) sie bei meinem Anblick. Ja, wo ich hingehe,[141]) (bei meinem Eintritt) erschallt mein

---

werden 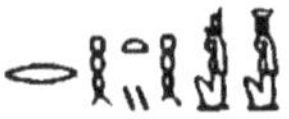 genannt. Dümichen, geogr. Inschr. I, 98, 8. Von den Mertischlangen heisst es Todtenb. 37, 1  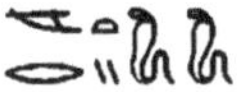 Seid gegrüsst Ihr Zwillinge (mit ) Ihr beiden Mertischlangen Schwestern.

132) Urui aā kann kaum zu reḥeḥti gehören, denn an das reḥeḥui des Todtenbuches schliesst sich ein Urtu aātu Usiri.

133) Statt  steht .

134) Vielleicht auch  zu ergänzen und  oder 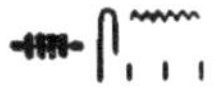 zu lesen, denn es heisst im Todtenb.  Sie verleihen ihm ihren Schutz.

135) Todtenbuch  Hervortretend als lebende Seele des Rā am Himmel.

136) Todtenbuch  So wie es ihm vorgeschrieben ist macht er seine Umwandlungen.

137) Todtenbuch 

138)  Todtenbuch: Osiris auf anχ etc. 

139)  Todtenbuch 

140) □ für 

141) 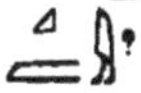? Der Sinn wird durch das Todtenbuch aufgeklärt. Dort heisst

Lob, und wo ich hinausgehe (herrscht) Liebe zu mir. Ich bewege mich vorwärts.[142]) Nicht ist irgend etwas Böses (Seitenstück G, rechts) an mir, dem Osiris Haṭbastru dem triumphirenden.

Den Schlusssatz, welcher auf unserem Sarge bis zur Unleserlichkeit verwischt ist, glauben wir nach dem Todtenbuche[143]) so ergänzen zu müssen: . Die beiden letzten Figuren  ȧri-ȧ und der Name des Verstorbenen sind nicht mehr auf den Rücken des Sargkastens gegangen und darum auf das Seitenstück rechts gesetzt worden. Um ihre Zusammengehörigkeit mit dem Texte des 127. Kapitels des Todtenbuches, welchen sie zum Abschluss bringen, anzudeuten, lässt man sie nach der gleichen Richtung schauen wie die Zeichen des Stückes, zu dem sie gehören. Die dann folgenden Hieroglyphen des mit  beginnenden neuen 126. Kapitels sehen nach rechts, d. h. in die entgegengesetzte Richtung. Dadurch wird der Text

Seitenstück G, rechts

zu dem was wir retrograd nennen, d. h. die Zeilen laufen umgekehrt fort, als man nach der Stellung der Hieroglyphen in ihnen erwarten sollte.

Dieser Abschnitt enthält ziemlich den ganzen Inhalt des 126. Kapitels des Todtenbuches, indessen sind auf dem Mumienkasten die einzelnen Sätze desselben anders geordnet als auf dem Papyrus, auch fehlt merkwürdiger Weise in unserem Texte jede Beziehung auf die vier heiligen Kynokephalos-Affen, denen gerade dieses Kapitel im Todtenbuche gewidmet ist. Hier zeigt die Vignette, welche sich auch in älteren guten thebaischen Texten an das 125. Kapitel schliesst,

---

es:  Bei meinem Eingang erschallt mein Lob und bei meinem Ausgang herrscht Liebe zu mir.

142) Hier beginnt der Text unleserlich zu werden, doch glaub' ich, dass 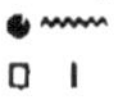 entsprechend dem  des Todtenbuches zusammengehört.

143) Dieser hat .

den Feuerpfuhl, an dessen vier Ecken die vier Affen hocken. Sie werden als zwei sich antipodisch gegenübersitzende Paare dargestellt. Bei jedem von diesen schaut ein Affe den andern an. Zwischen den vier Thieren steigen je zwei Flammen auf. Vor dem ganzen Bilde steht der Verstorbene und erhebt anbetend die Arme. So ungewöhnlich es nun wäre, wenn diese Vignette auf unserem Sarge Platz gefunden hätte, so befremdlich muss es erscheinen, dass hier der sonst nirgends fehlende Anfang unseres Kapitels völlig unberücksichtigt bleibt. Derselbe lautet: 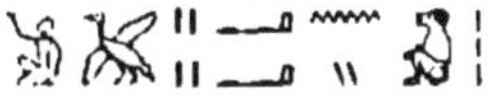  »O diese vier Hundskopfaffen!« Statt dessen hat unser Text, und zwar auf der vierten Zeile, nur 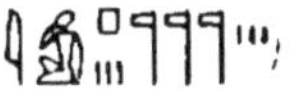[144]) O Ihr drei Götter. Die so Angerufenen werden dann gerade so charakterisirt wie die Affen im Todtenbuche; doch reicht diese Charakterisirung nur von ḥemesu die Ihr sitzet, bis ȧpt Ihr, die Ihr Schiedsrichter seid. Das schon hier zu erwartende maȧr ḥnā user kommt schon Zeile 3 in ganz anderer Verbindung vor. Man möchte glauben, die Vorlage des Holzschnitzers sei auf Streifen geschrieben gewesen, welche er verwechselt habe. Der Anfang würde gegeben sein, ebenso das diesen fortsetzende Stück, aber bei der weiteren Anknüpfung stösst man auf Hindernisse.

Unser Text lautet also:

Seitenstück G, rechts. 1. Ich[145]) trete ein und gehe heraus aus Roset. Geh voran[146]) und komm! Wir beseitigen Alles was schlecht ist an Dir, und löschen aus alles Böse, das Dich verletzt hat[147]) auf Erden,[148]) denn wir zerstören[149]) alles Böse.

144) Das □ als Artikel beim Vocativ, (statt ) weist auch auf die späte Entstehungszeit unseres Sarges.

145) Der Text beginnt Todtenbuch 126, 4 unten.

146) Todtenbuch 126, 5 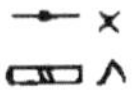

147) Todtenbuch 126, 5 

148) 

149) Todtenbuch 126, 5 

welches Dir anklebt, o Triumphirender.[150]) Ihr[151]) die Ihr ohne Trug seid und denen die Sünde ein Gräuel ist, 2. vernichtet denn auch das Böse, welches sich an mir befindet und löschet aus die Unreinheit. Ihr, an denen keinerlei Makel haftet, gewähret was auch immer (mir Noth thut)[152]) im Grabe,[153]) dass ich eintrete in Roset und dass ich durch die geheimnissvollen[154]) Thore des Westlandes schreite.[155]) 3. Wohlan so gebet[156]) mir nun Opfer-

---

150)  fehlt in der parallelen Stelle des Todtenbuches.

151) Hier springt unser Text auf Todtenbuch 126, 2 unten über. Die Angerufenen sind im Todtenbuch die vier Hundskopfaffen, in unserem Texte 3? Götter an der Spitze der Sonnenbarke.

152) Todtenbuch 126, 3 . Das   in unserem Texte ist gewiss nur diejenige Gruppe, in welcher Goodwin scharfsinnig wie immer das koptische ⲟⲩⲏⲣ und ⲁϣⲏⲣ quot, quantus wiedererkannt hat. Seine Übersetzung (Zeitschr. 1868, S. 90) &dbquo;all whatsoever, quot — quot sunt“ stimmt auch hier vortrefflich. Wir wissen, dass es am Ende des Satzes so viel wie et cetera und am Schlusse von Aufzählungen auch »und dergleichen« oder »so viel ihrer sind« bedeutet. Im Todtenbuche wird es 11, 3  geschrieben (neben  11, 11). Der von Rougé edirte hieratische stimmt hier mit dem Turiner Texte zusammen.

153) Brugsch, Wörterb. übersetzt  Loch, Höhlung, auch Grab. Es muss eine grosse unterirdische Halle gemeint sein, welche in der Nähe des Einganges in die Unterwelt gelegen war. Dafür spricht Papyr. Bulaq III, 4, 16, wo von den erquickenden Nordwinden in der  ämḥut, welche bei den Thoren der  liegen, gesprochen wird. Brugsch, dict. géogr. p. 37. Auf den Serapeumstelen ist die Rede von allen Göttern, Göttinnen, die in 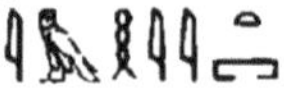 weilen. Eine Inschrift des Oasentempels von Charge sagt: Es öffnet sich Dir die ämḥu nach Süden zu.  Brugsch, dict. géogr. S. 38.

154) Todtenbuch 126, 4 

155) 

156) 

kuchen,[157]) Krüge (Bierkrüge) und Backwerk[158]) gleichwie diesen Verklärten (den übrigen Verklärten).

Von hier an beginnt sich unser Text mit Todtenbuch 126, 2 zu decken; doch gehört zu diesem untrennbar die letzte Gruppe von 126, 1 . Sie ist auf unserem Sarkophag nachlässiger Weise fortgefallen, und man hat darum unbedingt zwischen und — zu ergänzen. Nachdem diese Emendation erfolgt ist, können wir also zu übersetzen fortfahren:

Sie, die da Schiedsrichter sind zwischen den Elenden und Mächtigen, mögen sie zur Ruhe bringen die Götter, welche Flammenrachen haben,[159]) sobald (χeft) ihnen dargebracht[160]) sind alle[161]) Blumengaben und Wasserspenden, sowie die Opfergaben an Rindern und Gänsen der Verklärten, 4. welche leben von Wahrheit und welche sich speisen mit Wahrheit.[162])

Nun folgt der Anfang des 126. Kapitels (126, 1) in der oben angegebenen Variation. Statt der 4 Hundskopfaffen werden 3 Götter angerufen. Es heisst auf unserem Mumienkasten: O ihr 3 Götter, welche sitzen vorn auf der Barke des Rā

157) Todtenbuch 126, 4 . Das Determinativ des Wasserbehälters in unserem Texte muss in verwandelt werden. Der Schreiber scheint an šens, den Namen des 22. (Zusatz-)Nomos von Unteraegypten gedacht oder ihn vielmehr in der Feder gehabt zu haben. sind gewöhnlich Bierkrüge. A. d. Stele Ramses I im Louvre vier Krüge Bier.

158) Todtenbuch 126, 4 hat nur:

159) Statt hat Todtenbuch 126, 2

160) Statt Todtenbuch 126, 2

161) ⲧⲏⲣⲟⲩ omnes.

162) Todtenbuch 126, 2

und hinaufgelangen lasset die Wahrheit zum Herrn des Alls, mag mir mein Urtheil werden?[163])

Die kleinen Texte am Fussstück sind sehr stark beschädigt und von geringer Bedeutung.

Es gibt wenige schöner geschriebene Texte als der unsere; aber leider ist er im höchsten Grade verderbt. Dieser Umstand hat uns verhindert ihn einer genauen Analyse zu unterziehen. Obgleich er auch wenig bedeutsames Neues enthält, hat er uns doch Veranlassung geboten, manche bemerkenswerthe, eines näheren Eingehens würdige und noch nicht völlig sicher gestellte Einzelheit in's Auge zu fassen und den Versuch zu wagen sie aufzuklären. Darin pflichten uns alle Aegyptologen bei, dass wir nie genug Texte haben können, und so darf denn diese Publication schon als solche auf eine freundliche Aufnahme von Seiten der Fachgenossen rechnen.

---

163) Diese Übersetzung ist gezwungen. Ich glaube eher, dass die erste Zeile mit  auf der 2. fortfahren sollte, und dass sich der Abschreiber — eine Vermuthung, welche schon oben ausgesprochen worden ist — in der Vorlage vergriffen hat.

DER LEIPZIGER GESCHNITZTE HOLZSARG DES ḤAṬBASTRU.

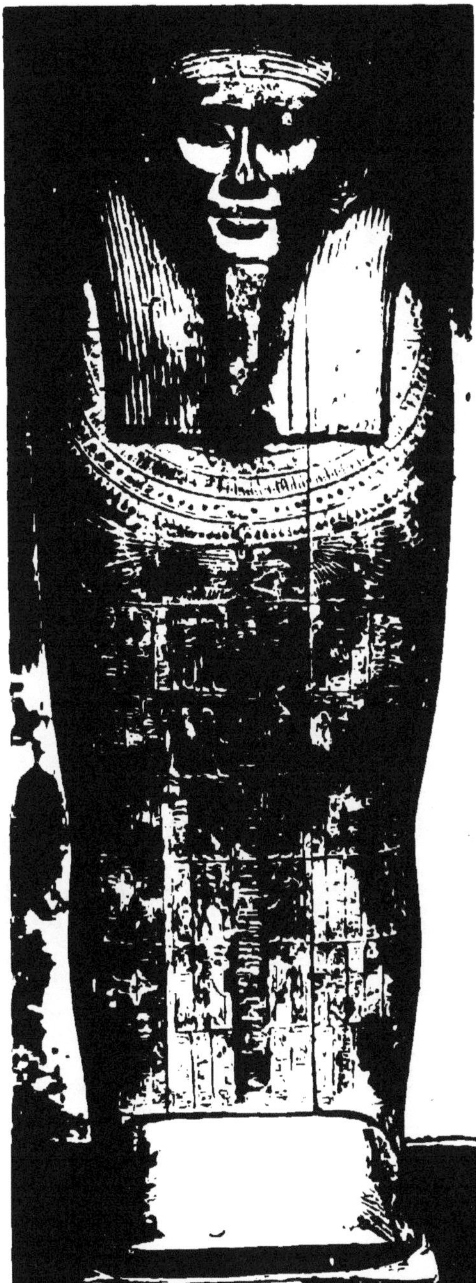

VORDERANSICHT DES DECKELS.

Leipzig, Giesecke & Devrient

DER LEIPZIGER GESCHNITZTE HOLZSARG DES ḤAṬBASTRU.

OBERER THEIL DES DECKELS.

Leipzig, Giesecke & Devrient.